W0472111

Werde zur STARKEN MARKE

Erfolgreiches Branding dank Archetypen

THERESA EHSANI

Copyright © 2020 Theresa Ehsani
Alle Rechte vorbehalten.
ISBN: 9798654436429

INHALT

Vorwort **Seite 1**

Mein Weg zu den Archetypen **Seite 3**
Wieso die Archetypen der Herzschlag deiner Marke sind Seite 6

Woher kommen die 12 Archetypen und worauf basieren sie? **Seite 8**
Tritt ein in die Welt der Archetypen Seite 10
Wie die Archetypen ticken Seite 14
Was Archetypen bewirken Seite 16
Warum Archetypen funktionieren Seite 18

Die Bedeutung der Archetypen für dein Business **Seite 19**
Sichtbarkeit erhöhen und deine Wunschkunden anziehen Seite 21
Die vier Kundensehnsüchte Seite 26

Die 12 Archetypen stellen sich vor **Seite 35**

Warum du dich für einen Archetypen entscheiden solltest **Seite 62**

Wie du deinen Archetyp strategisch einsetzt **Seite 69**
Verbindung und Differenzierung schaffen Seite 69
Vorteile deines Archetyps, innen wie außen Seite 71

Wie findest du deinen Archetypen heraus **Seite 75**

Zum Schluss **Seite 79**

Danksagung **Seite 81**

Die Autorin **Seite 83**

VORWORT

Liebe Leserin,

es freut mich sehr, dass dich dieses Buch gefunden hat, denn darin möchte ich dir mein Wissen und meine Erfahrungen mit den 12 Archetypen nach Carl Gustav Jung sowie deren unglaubliches Potenzial für dich und dein Business präsentieren. Und auch wenn das Thema für dich vielleicht noch vollkommen neu ist, so fühlst auch du dich von ganz bestimmten Archetypen angezogen. Und diese stehen für Persönlichkeitsanteile, die auch du selbst in dir trägst.

Vielleicht möchtest du bei allen gut ankommen oder aber du magst es anzuecken. Möglicherweise ist dir Kontrolle wichtig – oder du willst andere an ihre großen Träume erinnern. Egal, welcher Archetyp du bist – auch dein Unternehmen hat einen! Und ich möchte dir vor Augen führen, wieso dieser der Schlüssel zu einem nachhaltig erfolgreichen Business sein kann, zu deiner erfolgreichen Marke.

Denn eine *Starke Marke* hat vor allem eines: ein Gesicht. Eine Persönlichkeit. Selbst wenn sie keine reale Person ist. Denke einmal an Apple oder Mercedes-Benz. Du hast gewiss sofort ein Gefühl für diese Marken, weißt zumindest ungefähr, wofür sie stehen. Das liegt daran, dass diese Marken bestimmten Archetypen zuzuordnen sind. Apple steht für Innovation, für Erfindergeist, für etwas vorher nicht Dagewesenes. Das sind Eigenschaften des Archetyps Schöpfer. Und Mercedes-Benz? Diese Marke ist ein Sinnbild für Exzellenz und Souveränität – ganz der Archetyp Herrscher.

Arbeitest du selbstständig, so bist du gut beraten, wenn du dein Business zu einer *Starken Marke* ausbaust, die aus der Masse heraussticht und Außergewöhnliches bietet. Der beste Weg dorthin ist über deinen Archetyp – denn er erzählt deiner Zielgruppe eine Geschichte und sagt mit wenigen Worten und Bildern, wofür du stehst. Auf diese Weise ziehst du Kunden an, die zu dir passen – und für die du genau das richtige Angebot parat hast.

Bevor wir in die Welt der 12 Archetypen eintauchen, noch ein wichtiger Hinweis:

Ich arbeite seit vielen Jahren primär – und auch sehr, sehr gern – mit Frauen zusammen. Diese Entscheidung habe ich sehr bewusst getroffen, weil ich der Meinung bin, dass Frauen viel zu wenig spezifische Unterstützung im Markenbildungsprozess erhalten. Außerdem ist es Teil meiner Vision, vor allem selbstständige Frauen darin zu bestärken, sich beruflich zu verwirklichen.

Du wirst beim Lesen meines Buches feststellen, dass die Bezeichnungen der 12 Archetypen, die ich verwende, männlich sind. Ich habe mich nach langer Überlegung dazu entschieden, sie nicht in die weibliche Form zu bringen, obwohl es natürlich nicht nur den Helden gibt, sondern auch die Heldin, nicht nur den Rebellen, sondern selbstverständlich auch die Rebellin.

Die männlichen Bezeichnungen habe ich aus Gründen der Korrektheit nicht verändert, da es sich um offizielle Bezeichnungen handelt, die auf Carl Gustav Jung, den »Vater« der Archetypen, zurückgehen. Auch hat es mit der besseren Lesbarkeit zu tun, dass ich nicht explizit beide Geschlechter berücksichtige. Es ist mir an dieser Stelle jedoch wichtig zu betonen, dass die 12 Persönlichkeitstypen für die jeweilige Persönlichkeit stehen – und zwar geschlechtsunabhängig. Betrachte die männlichen Bezeichnungen also bitte wertfrei.

Jung war zu seiner Zeit ein reflektierter Psychiater; ich beschäftige mich seit vielen Jahren mit seiner Lehre und bin absolut davon überzeugt, dass er sich mit seinem Konzept auf alle Menschen bezog – und nicht nur auf die männliche Bevölkerung.

Aber nun: Viel Spaß in der Welt der 12 Archetypen!

Deine Theresa

MEIN WEG ZU DEN ARCHETYPEN

Mit den 12 Archetypen kam ich erstmals 2002 im Zuge meines Psychologiestudiums in Kontakt. Schon damals faszinierte mich die Idee, dass es verschiedene Persönlichkeitstypen gibt, die kulturübergreifend von jedem gleich verstanden werden und die wirklich jeder kennt. Viele Jahre später, im Jahr 2016, startete ich mein eigenes Unternehmen als Markenentwicklerin und Brand-Strategin.

Dabei war mir von Anfang an glasklar, dass die Archetypen einen essenziellen Bestandteil meiner Arbeit ausmachen werden. Und zwar deshalb, weil wirklich *jede* erfolgreiche Marke damit arbeitet – und weil Archetypen unsagbar viel Potenzial in sich bergen. Man kann dank ihnen ganz systematisch und strategisch psychologische Trigger setzen, die Vertrauen und eine echte Beziehung zu den Wunschkunden aufbauen – gefolgt von Sichtbarkeit bei Wunschkunden und Erfolg mit Leichtigkeit.

Als Unternehmer den eigenen Archetyp außer Acht zu lassen, bedeutet, auf der Autobahn absichtlich mit angezogener Handbremse zu fahren.

Ich bemerkte sehr schnell, dass das Konzept der Archetypen auf dem deutschsprachigen Markt mehr oder weniger unbekannt ist. Gleichzeitig zeigte mir die begeisterte Reaktion meiner Klientinnen, wie wichtig dieser Aspekt ist und dass sie auf das unsagbare Potenzial der Archetypen verzichten, wenn sie versuchen, im Business ohne sie auszukommen. Diese beiden Faktoren, kombiniert mit meiner persönlichen Leidenschaft für das Thema, führten dazu, dass ich im Frühling 2017 voller Motivation meine kostenlose fünftägige »Boost Your Brand«-Challenge rund um die Archetypen zum Leben erweckte. Mein Ziel war: Ich wollte möglichst viele Selbstständige für das Thema sensibilisieren, sie in die Welt der Archetypen einführen und ihnen dabei helfen, zu verstehen, wie sie die Persönlichkeitstypen für sich arbeiten lassen können.

Vor dem Start des ersten Durchgangs war ich zugegebenermaßen aufgeregt – denn ich hatte mir wahrlich kein einfaches Thema vorgenommen. Ich wagte mich in ein am Markt weitgehend unbekanntes Terrain vor, wissend, dass es mutig ist, ein derart komplexes Thema in nur 5 Tagen bearbeiten zu wollen. Doch habe ich mir eine Sache einmal in den Kopf gesetzt, so gibt es keinen Weg zurück. Was dann geschah, lässt sich kaum in Worte fassen. Meine Challenge stieß auf unglaublich positive Resonanz, die Teilnehmerinnen waren fasziniert von dem Konzept und ich erhielt sehr viele begeisterte Rückmeldungen und Projektanfragen. Ich war glücklich und voller Freude, dass mein Plan aufgegangen war, die Archetypen »alltagstauglicher« zu machen und ihre Wichtigkeit gut rübergebracht zu haben.

Ich wiederholte besagte Challenge im Laufe der darauffolgenden Jahre fünfmal, und jedes Mal zählte die Challenge-Woche zu den Highlights meines Arbeitsjahres – denn die mir entgegengetragene Begeisterung war atemberaubend. In Summe nahmen mehr als 2.000 Personen an der »Boost Your Brand«-Challenge teil. Darüber hinaus machte ich mir einen Namen als Expertin für Archetypen in der deutschsprachigen Online-Welt und erhielt stetig mehr Anfragen von Einzelunternehmerinnen, die die Superpower der Persönlichkeitstypen mit meiner Unterstützung ganz strategisch und bewusst für sich nutzen wollten.

Diese Projekte machten mir unsagbar viel Spaß, und die sehr schnell sichtbaren Erfolge, die meine Kundinnen nach Abstimmung des Markenauftritts auf den richtigen Archetyp in Form von Anfragen und Buchungen verzeichneten, waren atemberaubend.

Was sind Archetypen und was ist das Besondere an ihnen? Die 12 Persönlichkeitstypen, für die Carl Gustav Jung die Mythen und Symbole verschiedener Kulturen erforschte, stehen für Verhaltensmuster verschiedener Seinsformen. Dies möchte ich dir in diesem Buch näherbringen. Zudem ist es mein Ziel, dir vor Augen zu führen, wie du die Archetypen auf dem Weg zu deiner *Starken Marke* nutzen kannst, die einen wirklichen Unterschied macht und wirklichen Erfolg mit sich bringt.

Archetypen haben eine Kraft in ihrer Wirksamkeit, die, richtig eingesetzt, eine selten dagewesene Dynamik in die Markenbildung und Außenwirkung bringt.

Mit diesem Buch möchte ich noch mehr Unternehmerinnen den Zugang zu diesem oft unterschätzten Thema ermöglichen – und zwar nicht nur eine Woche pro Jahr. Und die Wahrheit ist: Je mehr ich mich mit den Archetypen beschäftige, umso begeisterter bin ich – und das obwohl sie mittlerweile seit knapp 20 Jahren Teil meines Lebens sind. Es ist für mich also Pflicht und Kür, den 12 wunderbaren Archetypen nun auch im deutschsprachigen Raum eine Bühne zu bieten.

Mich dafür nochmals intensiv mit diesem Thema zu beschäftigen, ist mir eine wahre Freude. Außerdem werte ich das Buch mit vielzähligen Fallbeispielen aus meinem Arbeitsalltag auf. Denn ich bin der Meinung, dass ich dir die Archetypen so noch besser erklären, veranschaulichen und näherbringen kann.

Wie bereits erwähnt, ist C. G. Jung der »Vater« der Archetypen. Neben ihm haben mich im Zuge dieses Buchprojekts Kaye Punan, Margaret Mark, Carol S. Pearson und Stephen Houraghan besonders inspiriert.

Also lass uns starten – lass uns gemeinsam in die hochspannende Welt der Archetypen eintauchen.

WIESO DIE ARCHETYPEN DER HERZSCHLAG DEINER MARKE SIND

Archetypen helfen dir dabei, deine einzigartigen Stärken zu erkennen und die psychologisch richtigen Trigger zu setzen, um mehr Wunschkunden anzuziehen.

Jede Marke benötigt eine Markenpersönlichkeit, weil es in uns Menschen angelegt ist, uns verbunden zu fühlen. Und dieses *Connecting* passiert nicht über die Vorteile, Charakteristika oder Merkmale eines Produkts oder einer Dienstleistung, sondern über die emotionale Ebene. Über die Persönlichkeit. Eine Persönlichkeit, die einem zusagt und sympathisch ist, schafft Verbindung, Vertrauen und Beziehung.

Dein Markt muss verstehen, wofür du stehst!

Aktuell werden die Archetypen im deutschsprachigen Raum noch von sehr wenigen Unternehmen strategisch eingesetzt. Ich hoffe, dass sich das auch dank dieses Buches ändert. Denn die Wahrheit ist: Während 95 Prozent aller erfolgreichen Marken, die bereits länger als 5 Jahre bestehen, auf ihren jeweiligen Archetyp bauen, tun dies nur maximal 3 Prozent aller Selbstständigen und Unternehmer, die 5 Jahre und kürzer am Start sind. Das will ich ändern.

In den USA schon weitaus verbreiteter, gilt es hier noch als absoluter Geheimtipp, den eigenen Archetyp fürs eigene Business strategisch einzusetzen. Es mangelt nicht nur an Bewusstsein für die Existenz und Möglichkeiten der Persönlichkeitstypen, sondern auch an entsprechender Literatur. Weil sich die Anfragen bei mir zu diesem hochspannenden Thema von Jahr zu Jahr häufen, war es nun an der Zeit, dem offensichtlich Notwendigen Folge zu tragen: Du hältst hier mein Buch **»Werde zur Starken Marke – Erfolgreiches Branding dank Archetypen«** in der Hand. Es ist mir eine absolute Freude, dich in die Welt der Archetypen einzuführen.

Meine Ziele dabei sind:

1. Ich möchte dich mit diesem Buch informieren und inspirieren und dazu anregen, noch tiefer in diese spannende Welt eintauchen zu wollen.
2. Es ist mir wichtig, dieses teils abstrakte Thema für jeden zugänglich zu machen und es gut verständlich rüberzubringen. Das tue ich unter anderem, indem ich in diesem Buch auf Praxisbeispiele aus meinem Arbeitsalltag sowie Beispiele bekannter Weltmarken zurückgreife.
3. Ich möchte dir auch zeigen, wie du deinen Archetyp gekonnt dazu nutzen kannst, mit Leichtigkeit sichtbarer und erfolgreicher zu werden. Und dabei geht es nicht um Hexerei.

»Denn der Erfolg der Archetypen basiert darauf, wie wir Menschen funktionieren, wonach wir unsere Aufmerksamkeit richten und wie wir in Wahrheit Entscheidungen treffen. Ja, auch Kaufentscheidungen.«

Dieses Buch soll dich mit meiner Begeisterung für die Archetypen anstecken und dich dazu inspirieren, deinen eigenen Archetyp zu entdecken, um ihn für dein Business und deinen Erfolg ganz bewusst einzusetzen.

Ich möchte, dass mein Buch DER Ratgeber auf dem deutschsprachigen Markt zum Thema *»Was sind Archetypen und wie beeinflussen sie meine Markenbildung und meinen Erfolg?«* wird und ein Umdenken in den Köpfen ambitionierter Unternehmerinnen mit Tiefgang bewirkt. Um endlich an den wirklich wirkungsvollen Stellschrauben hin zur Sichtbarkeit zu drehen. Jenen, die langfristig und nachhaltig funktionieren. Und dies in Wahrheit schon seit Jahrhunderten tun.

»Build your brand on truth, not trends.« (Kaye Punan)

WOHER KOMMEN DIE 12 ARCHETYPEN UND WORAUF BASIEREN SIE?

Warum schaffen es manche Marken, ihre Message einfach und schnell rüberzubringen? Warum können sich Menschen sofort intuitiv damit identifizieren? Und warum funktioniert das so nicht bei jeder Marke?

Das Geheimnis liegt darin, dass erfolgreiche Marken konsequent einen Archetyp vertreten. Die unterschiedlichen Archetypen wurden in den 1930er Jahren vom Schweizer Psychiater und Begründer der Analytischen Psychologie C. G. Jung (1875-1961) ausführlich beschrieben; sie repräsentieren die Grundstrukturen der menschlichen Vorstellungskraft. Als unbewusste Wirkfaktoren beeinflussen sie unser Verhalten. Jung forschte sehr viel zur Frage, wie Symbole und gemeinschaftliche Mythen unser bewusstes wie auch unbewusstes Denken prägen.

»Wir alle haben instinktiv und unbewusst dieselben Vorstellungen über typische Verhaltensmuster.« (C. G. Jung)

Ein Archetyp ist zum Beispiel der Held: Er ist mutig, diszipliniert und versucht, möglichst heldenhaft zu handeln. Superman ist ein Held, The Rock stilisiert sich als Held – und Nike präsentiert sich als die Marke der Helden.

Du musst gewiss nicht darüber nachdenken, ob du Marken oder Menschen vom Typ Held magst. Wir alle haben bestimmte Präferenzen, zu welchen Persönlichkeitstypen wir uns hingezogen fühlen und zu welchen nicht, ohne uns mit dem Thema auseinandergesetzt zu haben. Unsere Sozialisation und unsere Kultur konfrontieren uns immer wieder mit den verschiedenen Archetypen, deshalb weiß jeder, für welche Werte, Fähigkeiten, Ziele und Bedürfnisse diese stehen. Außerdem hat sich jeder unbewusst längst entschieden, ob ihm ein bestimmter Archetyp gefällt oder nicht.

Diesen Effekt nutzen erfolgreiche Marken wie Nike. Und sehr bald wirst auch du das tun.
Spannend, nicht wahr?

Archetypische Muster sind ein Schlüssel zur Welt: Sie zu kennen, ist in einem globalisierten und damit interkulturellen Markt äußerst wichtig und bringt extreme Vorteile. Und auch wenn wir mit Fachworten um uns werfen – Kunden sind Menschen. Und Menschen entscheiden intuitiv binnen weniger Sekunden auf emotionaler Ebene. Menschen wollen verstanden und »abgeholt« werden, sie wollen ernstgenommen werden mit ihren Bedürfnissen.

TRITT EIN IN DIE WELT DER ARCHETYPEN

Du fragst dich jetzt bestimmt schon, welche Persönlichkeiten und Eigenschaften sich denn nun hinter den 12 Archetypen verstecken. Ich möchte sie dir daher sehr gerne kurz präsentieren, um sie dir dann im Kapitel »Die 12 Archetypen stellen sich vor« detailliert vorzustellen:

1. Der mutige Held
2. Der draufgängerische Rebell
3. Der zauberhafte Magier
4. Der kreative Schöpfer
5. Der vertrauenswürdige Beschützer
6. Der bestimmende Herrscher
7. Der optimistische Unschuldige
8. Der abenteuerliche Entdecker
9. Der kluge Weise
10. Der witzige Entertainer
11. Der gutmütige Allerweltsmensch
12. Der verführerische Liebhaber

Und, hattest du schon Bilder im Kopf, während du das soeben gelesen hast? Muss ich dir einen dieser 12 Persönlichkeitstypen erklären? Nein, bestimmt nicht. Du kennst sie alle. Und du hast eine Vorstellung darüber, was sie ausmacht. Genauso wie jeder andere Mensch weltweit.

Denn komplett unabhängig vom Bildungsniveau, dem kulturellen Hintergrund, vom Alter oder dem Umfeld, in dem man aufgewachsen ist: Egal, ob du das indische Mädchen, die amerikanische Baseballspielerin, den australischen Lehrer, den spanischen Tapaslokalbesitzer, die Landwirtin in

Ghana oder die deutsche Rentnerin befragst: Jeder wird die gleiche Vorstellung eines Helden, eines Liebhabers oder eines Entdeckers haben und alle 12 Persönlichkeitstypen bezüglich deren Eigenschaften ähnlich beschreiben.

Und genau darin – in diesem bestehenden einheitlichen Wissen um die 12 Persönlichkeitstypen – liegt deren unbeschreibliche Macht. Du sparst dir Unmengen an Erklärungen. Denn das Wissen besteht bereits. Es besteht aber gleichzeitig auch eine Präferenz für oder eine Abneigung gegen gewisse Archetypen.

Der eine findet Herrscher dominant, der andere edel. Der eine kann mit dem Allerweltsmenschen nichts anfangen, da er ihm nichtssagend und langweilig erscheint, der andere identifiziert sich mit ihm als bestem Freund auf Augenhöhe. Während sich die eine Person vom Beschützer gut umsorgt fühlt, fühlt sich die andere von ebendiesem bemuttert und eingeengt.

Du kannst es vielleicht schon erahnen: Dieser Aspekt ist ein weiterer, der dir auf dem Weg zu mehr Sichtbarkeit mit deiner Marke unglaublich entgegenspielt. Denn was uns gefällt, springt uns ins Auge. Was uns nicht gefällt, auch. Der Rest ist unsichtbar. Dinge, die uns egal sind, übersehen wir. Sie erreichen unseren Aufmerksamkeitsradar nicht. Sie werden unbewusst herausgefiltert, da als irrelevant bewertet.

Es ist daher essenziell, deine Marke mit universell gültigen menschlichen Werten zu verbinden. Dies gelingt wunderbar mithilfe der Archetypen – denn diese weltweit bekannten Persönlichkeitstypen sind in der Geschichte, in der Kunst und in der Popkultur bekannt und stehen für gewisse menschliche Grundmotive und Emotionen: Liebe. Gemeinschaft. Errungenschaft. Individualität. Und vieles mehr. Jeder Archetyp wird mit gewissen Gefühlen und Werten in Verbindung gesetzt. Dies hilft ungemein bei der Erarbeitung der Markenmessage, beim Storytelling und beim designspezifischen Branding-Prozess.

Wenn du deinen Archetyp kennst und aktiv nutzt, nutzt du auch die Macht einer universellen Kommunikation. Einer Sprache, die jeder versteht. Die Archetypen müssen nicht erklärt werden. Sie sind universell bekannt – und darüber hinaus hat auch wirklich jeder bereits eine Meinung zum einzelnen Typ.

Auf diesem bestehenden Wissen und dieser Information kannst du aufbauen. Lass sie nicht ungenutzt, sondern nutze sie proaktiv, um mit einem der am meisten unterschätzten Tools sichtbar zu werden.

Archetypen ermöglichen dir, dich auf einer unbewussten Ebene mit deinen Wunschkunden zu verbinden. In Form von Messages, die so kraftvoll wirken, dass sie unübersehbar sind.

Fakt ist, dass sehr viele Unternehmer an ihren Wunschkunden vorbeireden. Es liegen oft Welten zwischen Selbst- und Fremdwahrnehmung. Und eine Marke ist das, was die anderen über dich und dein Business denken, wenn du nicht im Raum bist. Ist deine Marke eine *Starke Marke*, so entsprechen Selbst- und Fremdbild einander und du ziehst die richtigen Kunden an, während du die falschen von dir fernhältst.

Wird dein Angebot missverstanden, liegt das einzig und allein an einer unklaren Markenkommunikation, einer schwammigen Message, falsch gesendeten Botschaften und oft auch an unbewusst falsch genutzten oder sogar gemischt genutzten Archetypen. Das Gute: Du kannst das ändern!

Nutzt du deinen Archetyp richtig, so bewirkst du Folgendes:

- Deine Marke ist mehr »DU« – du fühlst dich gestärkt und hörst auf, dich mit anderen zu vergleichen oder klein zu fühlen.
- Du baust zu deinen Kunden und deiner Community eine Vertrauensbeziehung und wirkliche Verbindung auf.
- Deine Botschaft wird glasklar und du triffst Entscheidungen schneller und mit mehr Selbstbewusstsein.
- Du triggerst bei deiner Zielgruppe die tiefen Sehnsüchte, die sie wirklich bewegen.
- Die richtigen Menschen fühlen sich von deiner Marke angezogen und abgeholt.
- Gleichzeitig fühlen sich die falschen Menschen nicht angesprochen.
- Dein Business wird anziehend – und du selbst faszinierend.
- Du stichst mit deiner Marke aus der Masse heraus, und zwar auf allen Ebenen – der visuellen, der inhaltlichen, der verbalen und nonverbalen, der bewussten und unbewussten.
- Du wirst automatisch zum Wunschkundenmagneten.

- Deine Kunden suchen genau jene Art der Zusammenarbeit, die du bietest.
- Die Qualität der Zusammenarbeit mit deinen Kunden und auch deren Zufriedenheit mit den Endergebnissen steigt.

WIE DIE ARCHETYPEN TICKEN

Jeder der 12 Archetypen tickt komplett anders. Nicht nur in seiner Art, sich auszudrücken, sondern auch in seiner Hauptangst, die ihn begleitet und sein Herz zum Rasen bringt. Dieses Wissen gibt dir als Unternehmerin einen unglaublichen Startvorteil. Weil du es auf smarte Weise für dich nutzen kannst.

Der Persönlichkeitstyp des Herrschers würde sehr wahrscheinlich sprachlich etwas vorschreiben, während der Unschuldige in seiner optimistischen Grundart neugierig fragen würde und der Weise mit einer Studie um die Ecke käme. Du ahnst es vielleicht schon – auch dieses Wissen spielt dir, klug genutzt, auf deinem Weg zu mehr Sichtbarkeit in die Hände. Denn unterlegst du deine Arbeit mit Studien, Statistiken und Infografiken, machst du Menschen, die den Archetyp des Weisen mögen, glücklich. Du erhältst deren Aufmerksamkeit, wirst für sie sichtbar. Du faszinierst sie – während beispielsweise jene, die heldenhafte oder rebellische Persönlichkeiten bevorzugen, gähnend weiterklicken. Und genau das wollen wir erreichen: Wir wollen Menschen anziehen, die unsere Art – unsere Persönlichkeit – und jene unserer Marke mögen.

Archetypen kannst du als natürlichen Filter einsetzen, um für deine Wunschkunden sichtbarer zu werden und für deine Not wanted clients entsprechend uninteressanter. Und es gibt nichts Schöneres, als mit Menschen zu arbeiten, die ticken wie du und die bestmöglichen Ergebnisse aus der Zusammenarbeit mit dir mitnehmen können. Eine Win-win-Situation für alle Beteiligten.

Nutzt du das Konzept der Archetypen für die eigene Marke, so gelingt es dir, eine fesselnde Brand Identity zu erschaffen, die fasziniert und das Grundrauschen der Masse durchdringt. Die im Kopf deiner Wunschkunden noch mehr hängen bleibt und dabei den Veränderungen der Zeit und kulturellen Grenzen trotzt. Und somit zu lange anhaltendem Erfolg führt.

Indem du dich mit dem Archetyp deiner Marke auseinandersetzt, gewinnst du unglaublich viel Klarheit darüber, wofür du mit deinem Business stehen möchtest. Dir wird viel klarer, wen du eigentlich anziehen möchtest und wie sich das genau ausdrückt. Du baust schneller Verbindungen auf und damit einhergehend verkaufst du auch schneller und mit unglaublich viel Leichtigkeit. Und glaube mir, es sind wirklich viele Aspekte rund um deinen Markenauftritt, die vom Archetyp beeinflusst werden: die Tonalität, die Worte und Stimme deiner Marke, das Branding, die Farbwahl, deine Bildsprache, deine Schriftart, deine Art zu kommunizieren und vieles mehr.

WAS ARCHETYPEN BEWIRKEN

Wenn du nicht eine von vielen sein und nicht über Preise, Vorteile und Produktcharakteristika diskutieren möchtest, dann starte doch damit, mit deinen Wunschkunden eine richtig tiefe Vertrauensbeziehung, eine Verbindung aufzubauen. Dazu brauchst du eine Markenpersönlichkeit und eine entsprechende markentypische Markenstimme.

Archetypen sind komplett entwickelte Persönlichkeiten mit ihren typischen Motiven und Einstellungen, Sorgen und Ängsten, die bewirken, dass man sich mit Marken, die auf Archetypen beruhen, wie mit Menschen verbunden fühlt.

Wäre deine Marke ein Mensch, wärst du mit ihr befreundet?

Es ist essenziell, dass du mit deiner Marke für etwas stehst. Du musst eine Position vertreten – denn sonst wirst du positioniert. Archetypen helfen dir dabei, eine bedeutungsvolle Verbindung zu deinen Kunden herzustellen, echtes Vertrauen aufzubauen und die Potenziale deiner Marke zu nutzen.

»Du musst entscheiden, welches Image du deiner Marke verleihen möchtest. Denn Produkte und Dienstleistungen haben, genauso wie Menschen, eine Persönlichkeit. Und genau diese Markenpersönlichkeit kann dafür sorgen, dass deine Marke auf dem Markt zum Superstar wird – archetypes can make them or break them.« (David Ogilvy)

Es ist unbestritten, dass jeder von uns zu einigen Marken eine emotionale Verbindung hat – obwohl es sich doch in Wahrheit um eine Kauftransaktion handelt. Der Grund, wieso wir Apple lieben und beispielsweise im Supermarkt immer wieder zu unseren Lieblingsmarken greifen, basiert auf der Art, wie diese kommunizieren und wirken – und das tun sie, indem sie auf Archetypen zurückgreifen. Obwohl dir der Begriff an sich möglicherweise neu ist, kannst du dich dem Einfluss der Archetypen nicht entziehen. Sie bestimmen, welches Smartphone sich in deiner Tasche, welches Auto sich in deiner Garage und welche Möbel sich in deinem Zuhause befinden.

»95 Prozent aller Kaufentscheidungen werden unterbewusst getroffen.« (Gerald Zaltman)

WARUM ARCHETYPEN FUNKTIONIEREN

Warum Archetypen so gut funktionieren, habe ich bereits angeschnitten. Entscheidungen treffen wir Menschen auf der emotionalen, der unbewussten Ebene. Und deine Kunden sind Menschen. Um erfolgreich zu sein, kannst du es dir nicht leisten, eine von vielen sein.

Die erfolgreichsten Marken sind Leader, keine Follower. Originale, keine Kopien. Stimmen, keine Echos. Hebe dich mithilfe deiner Markenpersönlichkeit von der Masse ab!

Wenn du deinen Archetyp kennst, wirst du unglaublich viel Klarheit über den eigentlichen Wert deiner Marke, über deine Markenpersönlichkeit – also darüber, wie sie tickt – und über deine Vision – was du damit im Kern bewirken willst – erlangen. Das erleichtert dir dein Businessleben auf vielen Ebenen: Du gewinnst sehr viel Klarheit, kannst Entscheidungen leichter treffen, eine intensivere Verbindung zu deiner Community aufbauen und in Summe erfolgreicher werden.

Es ist dabei essenziell, keine »verwirrte« Marke aufzubauen, die etwa auf mehreren Archetypen basiert. Eine Studie im Buch »The Hero and the Outlaw« von Margaret Mark und Carol S. Pearson kam zu dem Ergebnis, dass Marken mit glasklarem Archetyp im Gegenzug zu *Confused brands* binnen 6 Jahren um 97 Prozent im Markenwert steigen.

Versuche also auf keinen Fall, es jedem recht machen zu wollen. Kenne deine Wunschkunden, höre ihnen zu, nimm ihre Bedürfnisse ernst und fokussiere dich zu 100 Prozent einzig und allein genau auf sie und den Archetyp, mit dem sie sich identifizieren.

DIE BEDEUTUNG DER ARCHETYPEN FÜR DEIN BUSINESS

Wenn die Mitglieder deiner Community deine Marke verstehen, dann beginnen sie, dich und dein Business zu mögen und dir zu vertrauen. Und Vertrauen ist die wertvollste Währung hin zum Kauf.

Viele Unternehmerinnen realisieren nicht, auf welch unglaublich machtvolles Instrument sie verzichten, wenn sie ihren Archetyp nicht bewusst nutzen. Globale Marken setzen ihren jeweiligen Archetyp seit Jahrzehnten höchst strategisch und gewinnbringend ein.

Das Tolle ist, dass auch du diese Möglichkeit hast. Auch du kannst deiner Marke zu mehr Sichtbarkeit und Erfolg verhelfen.

Wenn du auf deinen Archetyp baust, kommen die Einzigartigkeit und das Besondere deiner Marke viel mehr zum Vorschein. Du erhältst eine klare Struktur hinsichtlich deiner Markenkommunikation und nutzt die unbewusste Ebene, die in Wahrheit den Ton bei Kaufentscheidungen angibt, ganz strategisch und gezielt.

Nutzt du die Macht der Archetypen, weißt du ganz genau, welche Worte oder Bilder dich in den Fokus deiner Wunschkunden bringen. Du erzeugst bei ihnen bestimmte Gefühle und wirst nicht nur sichtbarer, sondern baust eine tiefe Bindung und Beziehung zu deinen Kunden auf. Wie du ein Wir-Gefühl kreierst, das deine Kunden zu loyalen Fans werden lässt.

Wenn wir etwas kaufen, dann kaufen wir nicht nur das Produkt oder die Dienstleistung an sich. Wir kaufen die weitaus größere Idee, für die ebendieses Angebot steht.

Das menschliche Gehirn ist immer auf der Suche nach Mustern und Struktur, weil wir die Welt besser verstehen wollen. Der Grund dahinter ist anthropologisch erklärbar: Indem unsere Vorfahren Vorgänge wie Ebbe und Flut, die Bewegung der Sonne, Erntezeiten und sogar den Reproduktivitätszyklus verstanden haben, konnten sie überleben und sich weiterentwickeln. Grundmuster, Strukturen und Abläufe zu erkennen und zu verstehen ist essenziell, um zu lernen. So konnten unsere Vorfahren gewährleisten, dass sie sicher sind, ausreichend Nahrung finden und sich fortpflanzen.

Forme durch die Wahl deines Archetyps das einzigartige Gesicht deiner Marke.

Verfolgst du smartes Marketing, dann nutzt du dieses Wissen, um deine Kunden anzuziehen – indem du ihnen ganz bewusst Abkürzungen hin zum Verstehen anbietest. Dies tust du, indem du – richtig geraten! – deine Marke mit bereits bestehenden Strukturen und Mustern in Verbindung bringst.

So kannst du auf einer weitaus tiefgreifenderen Ebene, aber auch sehr schnell und effektiv eine wahre Verbindung zu deiner Community aufbauen. Und genau dabei helfen dir wiederum die Archetypen. Indem du deinen Archetyp bewusst einsetzt, nutzt du die Vorteile dieser bestehenden Strukturen, die unser Gehirn wiedererkennt. Assoziationen, die wie von selbst getroffen werden. Basierend auf der gewählten Schriftart, den Worten und der Tonalität, der Markenstimme, den eingesetzten Bilderwelten, dem Branding und Design treffen Menschen auf die unterschiedlichen Archetypen und wissen sofort, wofür diese stehen.

SICHTBARKEIT ERHÖHEN UND DEINE WUNSCHKUNDEN ANZIEHEN

Der Clou besteht darin, herauszufinden, welche Persönlichkeit deine Wunschkunden anzieht, und deine Markenpersönlichkeit darauf abzustimmen, indem du die intensivsten Sehnsüchte, die deine Wunschkunden antreiben, proaktiv ansprichst. Merkst du also beispielsweise, dass deine Kunden dir nicht zu 100 Prozent zusagen und dass die Zusammenarbeit holprig ist, so liegt das sehr oft daran, dass du nach außen nicht den passenden Archetyp kommunizierst.

Ich möchte dir hier nun 3 Beispiele aus meinem Arbeitsalltag zeigen, die verdeutlichen, wie wichtig die Wahl des richtigen Archetyps für ein erfolgreiches Business ist.

DER FALL HILDE – DIE PROFESSIONALITÄTSFALLE

Hilde war erfolgreich und ihre Persönlichkeitsentwicklungsseminare waren gut gebucht. Doch es nervte sie, dass ihre Kunden so unselbstständig waren. Sie wollten alles haarklein und detailliert erklärt haben und teilten Hilde mit, dass mehr Anleitungen und Anweisungen hilfreich wären. Sie dachte: »Was? Noch mehr?«

Nach einer Status-quo-Analyse stellte sich schnell heraus, dass Hildes gesamte Außendarstellung dem Archetyp des Herrschers entsprach. Sie trat formell auf, respekteinflößend, teils belehrend, fast wie eine Professorin. Wen zog sie damit an? Richtig: Menschen, die genau das gut finden. Und was erwarteten diese Menschen? Genau: Sie wollten an die Hand genommen werden.

Doch schon im ersten Gespräch mit Hilde bemerkte ich ihre sprudelnde Lebenskraft, ihre herzliche Persönlichkeit, ihre überbordende Kreativität. Das strahlte aus jeder ihrer Poren: ihre Stimme, ihre Worte, ihr Auftreten, ihre Körpersprache – komplett anders als ihr leicht distanzierter Auftritt, den die Online-Präsenz vermuten ließ.

In der Zusammenarbeit stellte sich heraus, dass Hilde unbewusst auf den falschen Archetyp gesetzt hatte. Denn sie vertritt ganz klar die Markenpersönlichkeit des Schöpfers. Schöpferpersönlichkeiten wollen in ihrer Kreativität angespornt werden, sie wollen neue Ideen entwickeln, Pläne schmieden, gemeinsam Lösungen finden. Und genau bei dieser Art der Zusammenarbeit und Interaktion läuft Hilde in Höchstform auf.

Mit Menschen, die auf diese Art arbeiten wollen, also gefördert und inspiriert werden wollen, kann sie ihr Potenzial ausleben und ihre Kunden können für sich das Optimum herausholen.

Sie möchte keine Schüler, sondern Menschen des Typus Schöpfer unterstützen. Darauf passten wir den Markenauftritt an – und die Effekte zeigten sich sehr schnell. Ein komplett anderer Schlag Mensch reagierte auf ihre Marketingaktivitäten, Hilde platzte vor Freude. Endlich fühlte sich die Zusammenarbeit mit ihren Kunden richtig an, nie zuvor hatte sie derart überwältigendes Feedback erhalten – obwohl sie ihre Arbeit als solche nicht anders ausübte als die Jahre davor.

Nun waren die Wellenlänge, die gemeinsame Sprache und die gesamte Art der Zusammenarbeit auf einer Linie.

Wieso war es also überhaupt dazu gekommen, dass Hilde instinktiv auf den Archetyp des Herrschers gesetzt hatte? Das verrate ich dir im Kapitel »Ursache für falsch genutzte Archetypen«.

DER FALL KATJA – ENTFESSLE DIE HELDIN IN DIR!

Katja war sehr erfolgreich als Business- und Life Coach. Sie hatte sich darauf spezialisiert, Frauen auf dem Weg in die Online-Selbstständigkeit zu unterstützen, und sich im Laufe der Jahre damit einen Namen gemacht.

Als sie mich kontaktierte, lag ihr Problem darin, dass ihre Kundinnen oft die Opferrolle einnahmen und von ihr, so nahm sie es wahr, beschützt und bemuttert werden wollten. Dieses Bedürfnis ist legitim, doch Katja liegt es fern, es zu befriedigen. Denn sie ist durch und durch eine Powerfrau und sehnte sich, als wir unsere Zusammenarbeit begannen, nach eigenständigen Kundinnen, die sie ermächtigen, inspirieren und dabei begleiten konnte, ihre jeweilige Höchstform zu erreichen.

Ihr fehlte oft die Eigenständigkeit im Denken und Handeln ihrer Kundinnen – und diese fühlten sich teilweise nicht engmaschig genug gecoacht.

Schnell war mir klar, wo das Problem lag: Katja trat archetypisch als Beschützerin auf. Ihre Außendarstellung, ihr Podcast, ihre Website – sie sagten: »Ich kümmere mich um dich!« Damit wurde die größte Sehnsucht der Persönlichkeiten getriggert, die sich vom Beschützer angezogen fühlen: die Sehnsucht nach Stabilität und Orientierung.

Doch Katja selbst, und das bemerkte ich in der Zusammenarbeit sehr schnell, glühte vor Leidenschaft und Esprit für ihr Herzensbusiness, das zudem überaus erfolgreich war. Sie war Inspiration auf allen Ebenen und wollte Powerfrauen, wie sie eine war, dabei helfen, ihre Grenzen zu überwinden. Sie wollte ihre Kundinnen ermächtigen, ihre Ziele zu erreichen, und dafür, wenn nötig, Bäume auszureißen. Es war ihr Anliegen, ihre Klientinnen zu Heldinnen ihrer eigenen Träume und Visionen zu machen.

Wie kam es, dass sie dafür nicht die richtigen Personen anzog? Ganz klar: weil ihr wahrer Archetyp Held nicht präsent war. Weder ihr Slogan noch ihr Branding noch ihre Bildsprache noch ihre Markentonalität noch ihr Look-and-feel ließ die Heldin in ihr erahnen. Warum? Das verrate ich dir im Kapitel »Ursache für falsch genutzte Archetypen«.

Nachdem wir den Konflikt aufgedeckt hatten, machten wir uns ans Rebranding und passten alles entsprechend Katjas wahrem Archetyp, dem Helden, an. Und schon kurze Zeit später meldeten sich die richtigen Powerfrauen zu ihren Programmen an, die ermächtigt werden wollten – und nicht beschützt.

DER FALL MAYA – NACH INNEN GLASKLAR POSITIONIERT, NACH AUSSEN NICHT

Als mich Maya kontaktierte, war sie bereits seit mehreren Jahren erfolgreich als Verkaufstrainerin. Doch sie hatte als selbstreflektierte Unternehmerin bemerkt, dass ihre Corporate Identity nicht zu ihrem Typ als Person und zu ihrer Art passte. Die Außenwahrnehmung war nicht mit der Innenwahrnehmung im Einklang.

Sie sah in sich und ihrer Marke klar den Typ des Unschuldigen, was zwar ihre Fotos widerspiegelten, nicht aber das restliche Design und Wording ihres Online-Auftritts. Entsprechend wurde sie nicht von ihren Wunschkunden kontaktiert und ihr Angebot wurde teilweise falsch verstanden.

Maya ist ein extrem fröhlicher und optimistischer Mensch, ihr Ziel ist es, anderen zu zeigen, wie sie über Webinare engen Kontakt zu ihren Wunschkunden aufbauen und auf natürliche, unaufdringliche Art verkaufen. Doch ihre Marke zog wegen einer unklaren Kommunikation vor allem Weise und Herrscher an, die bloß auf schnelle Verkäufe aus waren.

Das löste in ihr einen Konflikt aus. Denn sie selbst sah in ihrem Angebot so viel mehr, nämlich eine ganzheitliche strategische Lösung, die wirklich simpel war und verlässlich funktionierte. Doch das interessierte die Weisen bzw. »typischen Diplom-Ingenieure«, wie sie ihre Kunden augenzwinkernd beschrieb, gar nicht. Mayas Kommunikation war teilweise zu kompliziert für den nach einfachen und sicheren Lösungen suchendenden Unschuldigen.

Trotz Expertise auf ihrem Gebiet war sie sich dessen nicht bewusst. Sie sprach die Hauptangst des Unschuldigen – die Angst vor dem Verlust von Sicherheit – nicht an, weil ihr deren Bedeutung nicht klar war.

Es galt also, ein Rebranding vorzunehmen, um ihren gesamten Markenauftritt Unschuldigen-gerecht zu gestalten. Zudem war es Maya ein Anliegen, diese archetypische Korrektur auch im Wording entsprechend anzugleichen – mit Formulierungen wie »auf ehrliche Weise«, »Vertrauen aufbauen« oder »sicherer Ort«.

Ihr Angebot war in ihren Augen sehr einfach, wurde aber von vielen als kompliziert wahrgenommen. Es erreichte nicht die Menschen, die sie erreichen wollte. Zwar weiß Maya, wie sie dem sicherheitsliebenden Unschuldigen am besten helfen kann, doch ihre Kommunikation berücksichtigte nicht die Furcht ihrer Wunschkunden vor Neuem und Ungewohntem. Ihre Positionierung war nach innen bereits sehr scharf – aber die Außendarstellung passte (noch) nicht.

Wir bauten also Mayas gesamte Kommunikationsstrategie sowie ihr Branding und Design komplett um, um es dem Archetyp des Unschuldigen anzupassen und genau diese Zielgruppe bei ihrer Hauptsehnsucht und ihren

Hauptängsten abzuholen. Obwohl Mayas Key Message seit Jahren unverändert ist, ist ihr gesamter Markenauftritt nun korrigiert. Maya fühlt sich nun zu 100 Prozent wohl mit ihrem Markenauftritt und bemerkte bereits sehr schnell, dass sich die Weisen und Herrscher nicht mehr meldeten, während immer mehr Menschen des Typus Unschuldiger anklopften.

DIE VIER KUNDENSEHNSÜCHTE

Bevor wir uns im Detail die einzelnen Archetypen anschauen, widmen wir uns dem folgenden spannenden Thema: den vier Kundensehnsüchten.

Jeder Mensch, der etwas kauft, möchte ein Problem lösen. Wer seine Wäsche nicht mit der Hand waschen will, kauft eine Waschmaschine. Wer zu viel Fleisch auf den Rippen hat, leistet sich die Mitgliedschaft in einem Fitnessstudio oder Diät-Shakes, um abzunehmen. Wer mit dem Rauchen aufhören möchte, investiert in Nikotinersatzpräparate oder Hypnose-Sessions. Und wer chronisch gestresst ist und nach Entschleunigung sucht, gibt Geld für Sauna, Massage oder Yoga-Retreats aus.

Jedes Problem wird durch eine dahinterliegende Sehnsucht ausgelöst – bei dir, bei mir und bei unseren Wunschkunden.

Und genau mit dieser Sehnsucht beschäftigen wir uns jetzt. Sie zu kennen, ist am Ende des Tages wirklich wichtig, da sie der Initialzünder für die Kette »Ich habe ein Problem – ich suche eine Lösung – und kaufe dafür diese Dienstleistung oder das Produkt« ist. Es ist natürlich ein Unterschied, ob du mit deinem Angebot Menschen anziehen möchtest, die sich nach Veränderung sehnen, oder aber jene, die einen Drang nach Freiheit und Individualität haben. Unterschiedliche Sehnsüchte bringen unterschiedliche Probleme mit sich, für die es keine pauschale Lösung gibt.

Denn es gibt 4 Hauptantreiber, die uns Menschen motivieren. Diese sind entlang zweier Achsen zu finden:

- Sehnsucht nach Veränderung und Risiko vs. Streben nach Stabilität und Kontrolle
- Sehnsucht danach, Teil einer Gemeinschaft zu sein, vs. Wunsch nach Unabhängigkeit

Die meisten Menschen haben ein starkes Bedürfnis nach Sicherheit und Stabilität. Dieses befriedigen sie durch Routinen, Komfort und durch Festhalten an erprobten und funktionierenden Abläufen. Gleichzeitig streben sie danach, Ziele zu erreichen und etwas zu bewirken. Wir sehnen uns nach dem Glücksgefühl, etwas geschafft zu haben, wofür wir etwas riskieren oder verändern mussten.

Und dann wollen wir Menschen gemocht werden bzw. einer Peergroup angehören, während wir gleichzeitig auch Unabhängigkeit und Freiheit als Individuen brauchen.

Diese Sehnsüchte sind tiefsitzende, profunde menschliche Antriebe, die uns in gegensätzliche Richtungen ziehen.

Die Sehnsucht danach, dazuzugehören oder von anderen gemocht zu werden, bringt uns dazu, uns zumindest bis zu einem gewissen Grad anzupassen. Gleichzeitig wollen wir aufgrund unseres Bedürfnisses nach Individualität alleine Zeit verbringen und Entscheidungen treffen, die nahestehende Menschen teilweise nicht verstehen.

Mit diesem simplen Modell lässt sich im ersten Schritt die treibende Sehnsucht, die zu einem Problem führt, herausfiltern. Die vier Sehnsüchte sind sehr bedeutungsvoll, konkret und »greifbar«. Etwas in seinem Leben verändern zu wollen, ist für einen potenziellen Kunden beispielsweise keine Entscheidung, die er zwischen Tür und Angel trifft. Und hier werden die Archetypen wichtig: Sie kommunizieren – oft zwischen den Zeilen – die emotionale Komponente eines Produkts oder einer Dienstleistung und rücken sie in den Mittelpunkt der Aufmerksamkeit. Sie verbinden dein Angebot mit etwas wirklich Bedeutungsvollem: mit der dahinterstehenden Sehnsucht, einer sehr tiefgreifenden Emotion.

Zur Veranschaulichung ein kleines Beispiel: Der Sportartikelhersteller Nike möchte nicht bloß Laufschuhe verkaufen. Es geht darum, Menschen zu motivieren, endlich mehr Sport zu treiben, das eigene Leben zu verändern und im Sinne des Slogans »Just do it« das Lebensgefühl der unbegrenzten Möglichkeiten zu spüren. Das kaufen wir mit.

Das Hauptziel des Archetyps Held, für den Nike steht, ist jenes, Ziele zu erreichen. Wenn du Eigenschaften des Helden in dir trägst, möchtest du dich so sportlich, schön und ausgeglichen wie die Athleten auf den Werbeplakaten fühlen. Du möchtest Teil dieser Community sein, die für Diversität, Gleichbehandlung und Sport ohne Grenzen steht. Die Marke vermittelt dir das Gefühl, dass du alles schaffen kannst. Deshalb gilt Nike als Vorreiter bei der Werbung mit körperlich beeinträchtigten Sportlern.

Weil das Unternehmen den Archteyp Held konsequent ins Spiel bringt, spricht es in dir – sofern du selbst Held-Anteile hast – ganz bestimmte Sehnsüchte an. Du fühlst dich dann dank der Produkte und der Botschaft von Nike verändert, transformiert – wie ein Held.

Carl Gustav Jung hat die 12 Archetypen in 4 Sehnsuchtsgruppen eingeteilt. Sie haben gemein, von der gleichen Urmotivation getrieben zu sein. Dementsprechend wird auch jede dieser Sehnsuchtsgruppen von einer Angst begleitet, die den Gegenpol zur Sehnsucht darstellt. Jede Sehnsuchtsgruppe steht also auch Herausforderungen gegenüber – Problemen auf Kundenseite –, die es zu lösen gilt. Darauf gehe ich genauer ein, wenn wir uns jeder der 4 Kundensehnsüchte widmen.

Hier ein Überblick über die vier Sehnsuchtsgruppen:

Sehnsuchtsgruppen

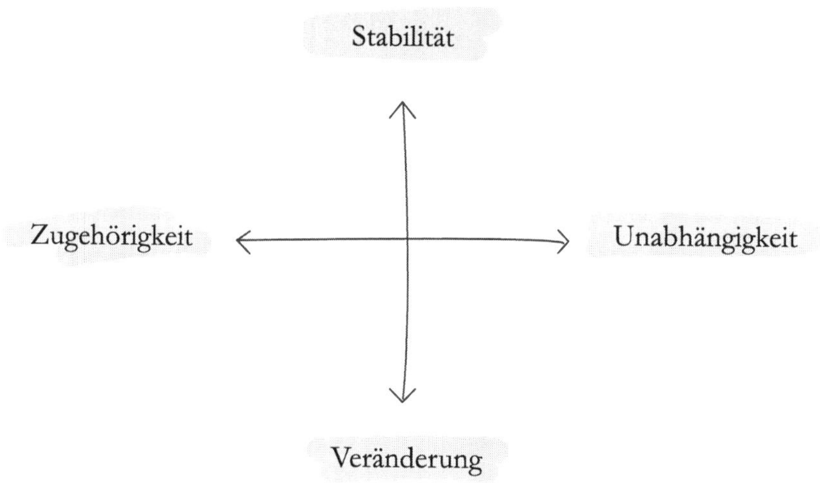

DIE SEHNSUCHT NACH WANDEL

Wenn du dich nach einem Wandel sehnst, möchtest du unbedingt etwas verändern. Du bist darum bemüht, die bestehende Situation um jeden Preis zu verlassen. Du bist getrieben von der Sehnsucht nach einem besseren Leben. Gleichzeitig bist du auch von der Lust auf Herausforderungen geleitet. Du möchtest etwas erreichen und bist bereit, dafür Risiken einzugehen.

Ein häufiger Gedanke ist in dem Zusammenhang: »So wie es aktuell läuft, kann es nicht weitergehen!«

Typisches Gefühl dieser Sehnsuchtsgruppe:

- Ich fühle mich inspiriert, gestärkt und ermächtigt.
- Ich bin total motiviert.
- Ja, das will ich erleben!
- Oh, das fasziniert mich!

Die drei Archetypen Held, Rebell und Magier zählen zu dieser Sehnsuchtsgruppe. Jeder auf seine individuelle Art und Weise, die ich im nächsten Kapitel, in dem ich jeden Archetyp detaillierter vorstelle, erläutern werde. Der Held stellt die kindlichste Version der Veränderung dar. Der Rebell ist eine reifere Version, während der Magier die erfahrendste Form der Veränderung repräsentiert. Diesen Reifeprozess bzw. diese Weiterentwicklung haben alle Archetypen innerhalb der jeweiligen Sehnsuchtsgruppen gemein.

Die Angst der Persönlichkeiten in dieser Kategorie ist jene, nicht effektiv zu handeln, machtlos und ohnmächtig zu sein. Daher helfen Vertreter der Sehnsuchtsgruppe anderen primär dabei, etwas zu erreichen.

DIE SEHNSUCHT NACH STABILITÄT UND KONTROLLE

Vertreter der zweiten Sehnsuchtsgruppe bilden den Gegenpol zur ersten. Während sich Archetypen der ersten Sehnsuchtsgruppe nach Veränderung und Wandel sehnen, wünschen sich Vertreter der zweiten das genaue Gegenteil: Sie streben nach Struktur, Orientierung und Sicherheit.

Menschen, die von dieser Sehnsucht getrieben sind, suchen nach Ordnung und Sinn im Chaos und Durcheinander.

Typisches Gefühl dieser Sehnsuchtsgruppe:

- Was sie kann, will ich auch tun.
- Ich bin dankbar.
- Ich fühle mich geliebt und umsorgt.
- Ich bin nicht alleine.
- Wenn ich ihr folge, werde ich Erfolg haben.

In diese Sehnsuchtsgruppe fallen die folgenden drei Archetypen: Schöpfer, Beschützer und Herrscher.

Die größte Angst, die Vertreter dieser Kategorie begleitet, ist jene vor Krankheit, finanziellem Ruin oder finanziellem Chaos. Kunden dieser Gruppe wollen sich vor allem sicher und geborgen fühlen.

DIE SEHNSUCHT NACH UNABHÄNGIGKEIT, INDIVIDUALITÄT UND ERFÜLLUNG

Die dritte Sehnsuchtsgruppe ist stark vom Streben nach Glück, Unabhängigkeit und Erfüllung getrieben. Freiheit ist ein entscheidender Faktor. Auch Lustbefriedigung kann ein starker Anreiz sein.

Typisches Gefühl dieser Sehnsuchtsgruppe:

- Ich fühle mich frei und unabhängig.
- Das schaffe ich!
- Ich genieße.
- Ich habe keine Grenzen!
- Abenteuer – ich komme!
- Ich bin gebildet, wissend und weise.

Zu dieser Sehnsuchtsgruppe zählen die folgenden drei Archetypen: der Unschuldige, der Entdecker sowie der Weise.

Bei jedem dieser drei Archetypen zeigen sich die Sehnsucht und die größte Angst auf unterschiedliche Weise – doch dazu mehr im nächsten Kapitel. Die größte Angst von Vertretern dieser Sehnsuchtsgruppe besteht darin, eine Falle gestellt zu bekommen, sich zu verkaufen oder sich leer zu fühlen. Dies scheuen sie wie die Pest.

Zählt deine Marke zu dieser Sehnsuchtsgruppe, so bist du gut beraten, wenn du deinen Kunden dabei hilfst, ihr Glück zu finden.

DIE SEHNSUCHT NACH BINDUNG, GLÜCK UND VERBUNDENHEIT

Die vierte Sehnsuchtsgruppe bildet den Gegenpol zur dritten. Während es bei der vorherigen primär um die Sehnsucht nach Freiheit geht, zählen hier vor allem Gemeinschaft und Verbundenheit.

Dabei spielt der Wunsch nach Vernetzung und Beziehungen eine entscheidende Rolle. Die Sehnsucht bewegt sich stark in Richtung Austausch, Interaktion und Freude.

Typisches Gefühl dieser Sehnsuchtsgruppe:

- Ich bin spontan.
- Alles geht, wenn man es einfach nimmt.
- Ich bin verständnisvoll, integriert, vertrauensvoll.
- Wenn sie das kann, kann ich das auch!
- Freundschaft ist mir wichtig.

Nach Gemeinschaft und Freude sehnen sich der Witzbold, der Allerweltsmensch sowie der Liebhaber. Jeder auf seine Art und Weise.

Die größte Angst von Vertretern dieser Sehnsuchtsgruppe ist jene, ausgeschlossen oder vernachlässigt zu werden oder einsam zu sein. Kunden dieser Gruppe dienst du am ehesten, indem du ihnen Gemeinschaft vermittelst und ihnen dabei hilfst, Spaß zu haben.

Überblick über die vier Sehnsuchtsgruppen

und über die dahinterliegenden Ängste

Sehnsuchts-gruppe	Motivation	Dahinterliegende Kundenangst	Dieses Gefühl hilft deinem Kunden
1	Wandel & Veränderung	Machtlosigkeit	*Erreiche!*
2	Stabilität & Kontrolle	Unkontrolliertes Chaos	*Fühle dich sicher!*
3	Freiheit & Erfüllung	Leere	*Finde dein Glück!*
4	Gemeinschaft & Freude	Außenseitertum	*Fühl dich geliebt von uns!*

Dies sind die vier Sehnsuchtsgruppen. Jede wird von einer bestimmten Angst begleitet, die du jedoch mit der richtigen Herangehensweise besiegen kannst, während du gleichzeitig die Sehnsucht der jeweiligen Gruppe stillst. Sich darüber klar zu werden, ist ein wichtiger Aspekt bei der Markenbildung.

Zwar können zwei unterschiedliche Sehnsuchtsgruppen wirksam sein, jedoch niemals in vergleichbarer Intensität. Eine dominiert immer. Und bedenke, dass vor allem niemals zwei gegensätzliche Sehnsüchte bestehen können. Das ist unmöglich. Niemand wünscht sich gleichzeitig Veränderung UND Struktur bzw. Freiheit UND Verbundenheit.

Dennoch ist es manchmal nicht ganz einfach zu sagen, welche Sehnsucht die eigenen Kunden am ehesten antreibt. Im letzten Kapitel dieses Buches werde ich darauf nochmals zurückkommen und dir einen Weg vorschlagen, wie du deine Sehnsuchtsgruppe identifizieren kannst.

Um dir das Thema noch verständlicher vor Augen zu führen, möchte ich dir nun ein paar Praxisbeispiele vorstellen.

KATHIS YOGA-REATREATS: SEHNSUCHT NACH FREIHEIT ODER NACH GEMEINSCHAFT?

Kathi bietet ihren Kunden dreitägige Yoga-Retreats in den Bergen an – mit täglichen Meditationen und Achtsamkeitsübungen. Es geht dabei vor allem darum, sich eine Auszeit vom Alltag zu nehmen und die Batterien wieder aufzuladen, seelisch und körperlich.

Als wir uns an die Erarbeitung von Kathis Archetyp machten, starteten wir mit der Frage: »Welche Sehnsucht haben deine Kunden, wenn sie nach dir suchen?« – und darüber dachte sie sehr lange nach. Denn sie meinte, dass sich ihre Kunden einerseits nach Freiheit und Unabhängigkeit sehnen. Sie wollen drei Tage lang »ihr Ding« machen, die Routine hinter sich lassen und sich selbst spüren. Gleichzeitig möchten sie das aber nicht komplett alleine tun, sondern in einer angeleiteten kleinen Gruppe. Der Gemeinschaftsaspekt spielt also auch eine Rolle.

Kathis Kunden schienen also sowohl von der Sehnsucht nach Freiheit als auch von jener nach Gemeinschaft getrieben zu sein. Zwei Gegenpole. Konnte das möglich sein? Nein! Es gibt immer eine primäre Motivation, die uns antreibt. Es lag in diesem Fall an Kathi, der »Meisterin der Marke«, auszuwählen, in welche Richtung sie diese entwickeln wollte. Sie konnte Menschen ansprechen, die sich vor allem nach Freiheit und Abenteuern sehnen, oder als »Freundin auf Augenhöhe« auftreten und mit ihrem Angebot den Drang nach Gemeinschaft und Verbindung in der Gruppe befriedigen.

Es gibt hier kein Richtig oder Falsch, du entscheidest, wofür du stehen möchtest – und dies hat zur Folge, dass du für eine bestimmte »Sorte« Mensch attraktiv, faszinierend und sichtbar wirst.

Kathi war nach einigen Impulsfragen meinerseits bald klar, dass sie mit ihren Retreats in erster Linie Menschen ansprechen wollte, die neue Wege gehen wollen, um zu sich selbst zu finden. Die sich nach Abenteuern im Außen wie auch im Innen sehnen. Sie entschied sich also, die Sehnsucht nach Freiheit zu bedienen.

CLARAS SCHWANGERSCHAFTSBEGLEITER: VERÄNDERUNG ODER ORIENTIERUNG UND STABILITÄT?

Clara hatte einen ganz besonderen Begleiter für die Zeit der Schwangerschaft und das Wochenbett entwickelt. Er sollte (werdende) Mütter in dieser besonderen Zeit der Veränderung auf mehreren Ebenen unterstützen.

Die Frage, die sich nun stellte: Welche ist die primäre Sehnsucht, die dieses Angebot stillen kann? Clara rätselte, denn einerseits suchten ihre Wunschkundinnen nach einer besonderen Begleitung, wie sie bisher nicht dagewesen war. Gleichzeitig waren die Schwangerschaft und Wochenbettzeit neu für die Frauen, denen der Schwangerschaftsbegleiter auch Orientierung, Struktur und Stabilität bot. Clara fiel es sehr schwer, sich zu entscheiden.

Doch sie traf eine Wahl: Claras Wunschkundinnen wollen nicht nur einfach eine Orientierung in der Schwangerschaft, sie sehnen sich nach mehr. Nach einer neuen Haltung und danach, in dieser Phase der Transformation, der Veränderung auf bisher nicht dagewesene Weise begleitet zu werden. Auf der Suche nach dieser Lösung werden sie mit Claras Angebot optimal abgeholt.

DIE 12 ARCHETYPEN STELLEN SICH VOR

In diesem Kapitel stelle ich jeden der 12 Archetypen detailliert vor. Es ist mir dabei wichtig, dass du ein umfassendes Bild von jedem Archetyp bekommst. Die Reihenfolge orientiert sich an den Sehnsuchtsgruppen und hat keinerlei Relevanz bezüglich der Wertigkeit der 12 Archetypen.

Diese haben teilweise verschiedene Bezeichnungen und wurden unterschiedlich übersetzt. Ich wähle die offiziellen deutschen Namen der 12 Persönlichkeitstypen, nenne aber auch weitere Bezeichnungen, die dem entsprechenden Archetyp zuzuordnen sind. Das ist mir vor allem deshalb wichtig, weil ich möchte, dass du ein richtig gutes Gefühl für den Charakter jeder der 12 Markenpersönlichkeiten erhältst. Ich möchte vermeiden, dass du aufgrund von schiefen Übersetzungen ein falsches Bild von bestimmten Archetypen bekommst.

Der Allerweltsmensch ist beispielsweise ein Archetyp, der in meinen Augen ungünstig übersetzt wurde. Der Name wirkt anders, als die Persönlichkeit dahinter eigentlich ist; treffender ist in meinen Augen die englische Originalbezeichnung »Girl bzw. Boy next door«.

Neben den alternativen Bezeichnungen eines jeden Archetyps stelle ich dir dessen Persönlichkeit vor. Dann gehe ich zu seiner Hauptsehnsucht über, denn es werden zwar jeweils drei Archetypen entsprechend einer Sehnsuchtsgruppe zugeordnet, doch jeder Archetyp hat für sich einen noch spezifischeren Hauptantreiber, also ein Überthema, das ihn besonders motiviert. Und wo es eine starke Sehnsucht gibt, gibt es auch einen starken Gegenpol: die entsprechende Angst. Auch diese werde ich dir zu jedem Archetyp verraten.

Zudem nenne ich zu jedem Persönlichkeitstyp einige bekannte Personen- und Produktmarken, um noch besser zu veranschaulichen, welche Markenpersönlichkeit sich wie in der Praxis zeigt.

Nun widmen wir uns jedem der 12 Archetypen detailliert. Bevor wir dies tun, möchte ich dir nochmals vor Augen rufen, welche drei Archetypen der jeweiligen Sehnsuchtsgruppe angehören:

DIE SEHNSUCHTSGRUPPE WANDEL UND VERÄNDERUNG

Zu dieser Sehnsuchtsgruppe zählen:

- Der Held
- Der Rebell
- Der Magier

DIE SEHNSUCHTSGRUPPE ORIENTIERUNG UND STRUKTUR

Zu dieser Sehnsuchtsgruppe zählen:

- Der Schöpfer
- Der Beschützer
- Der Herrscher

DIE SEHNSUCHTSGRUPPE FREIHEIT UND UNABHÄNGIGKEIT

Zu dieser Sehnsuchtsgruppe zählen:

- Der Unschuldige
- Der Entdecker
- Der Weise

DIE SEHNSUCHTSGRUPPE GEMEINSCHAFT UND VERBINDUNG

Zu dieser Sehnsuchtsgruppe zählen:

- Der Entertainer
- Der Allerweltsmensch
- Der Liebhaber

Ich wünsche dir nun viel Spaß beim Entdecken der 12 Archetypen.

DER HELD

Auch bekannt als Kämpfer, Kreuzritter, Retter, Superheld, Soldat, Sieger, Drachenbändiger, Wettbewerber und Teamplayer.

Als Archetyp Held möchtest du mit deinem Können die Welt erobern. Du bist sowohl mental als auch körperlich leistungsfähig und stark. Du bist diszipliniert, entscheidungsstark und gut vorbereitet. Bist du präsent, so fühlt sich deine Community gestärkt, motiviert und bereit, Herausforderungen zu meistern. Du möchtest dich mit deiner Courage und durch die Umsetzung schwieriger Dinge beweisen.

Du erreichst als Held, was du dir vornimmst, und zwar immer – egal, wie groß deine Ziele sind. Du bist smart und durchhaltestark, du kannst Menschen und Situationen gut einschätzen. Du sorgst dafür, dass deine

Kunden eigenverantwortlich ins Handeln, in die Umsetzung kommen. Der Held möchte die Ideen seiner Klienten Wirklichkeit werden lassen. Er motiviert andere, indem er zeigt, wie er selbst Herausforderungen gemeistert hat.

Das **Hauptziel** des Archetyps Held lautet: Erreiche deine Ziele! (Und zwar auf eine Art und Weise, die die Welt verbessert.)

Die **größte Angst** des Helden ist jene vor Inkompetenz, Schwäche und Verletzlichkeit. Die Angst davor, als unfähig zu gelten oder zu scheitern. Deine Strategie sieht daher so aus, so stark, machtvoll und kompetent zu werden wie nur irgendwie möglich. Die Gefahr hierbei besteht allerdings darin, dass du arrogant wirkst oder immer nach einem Gegner suchst. Deine Stärke besteht in deinem Talent und deinem Mut.

Beispiel: Adidas und Nike sind typische Heldenmarken. Letztere habe ich bereits angerissen. Nike präsentiert sich konsequent in der Rolle des Helden. Dadurch bekommen Betrachter der Werbematerialien schnell ein Bild, das weit über die Informationen hinausgeht. Wer ein Plakat von Nike betrachtet, weiß sofort, dass für die Marke Werte wie Stärke, Willenskraft, Disziplin und Mut wichtig sind. Die Marke wird jede Herausforderung annehmen und für die eigenen Ideen kämpfen.

DER REBELL

Auch bekannt als Revolutionär, Andersdenker, Schurke, wilder Mann bzw. wilde Frau, Außenseiter oder Feind.

Als Rebell bist du kühn und mutig, du agierst revolutionär und kompromisslos. Du tust alles, was du tust, auf deine Art und Weise. In deinem Wirbel wird der Status quo auf den Kopf gestellt. Rebellen wirken unvorhersehbar. Das Motto des Rebellen lautet: Störe, zerstöre oder schockiere! Funktioniert etwas nicht, dann suchst du andere Wege. Leute, die mit dir arbeiten, finden Freiheit. In deiner Anwesenheit spüren die anderen die Kraft, ihren aktuellen Status zu hinterfragen. Du bist frei von jeglicher Konvention.

Der Rebell ist aufmüpfig, er fordert sich selbst heraus, auch physisch. Du bist mutig genug, um Dinge, die in der Welt falsch laufen, zu hinterfragen und dich darüber hinwegzusetzen. Du stehst zu deiner Meinung und sprichst aus, was sich sonst niemand zu sagen traut. Du bildest deine Überzeugungen komplett unabhängig davon, was Autoritäten erwarten oder die Masse sagt.

Das **Hauptziel** des Archetyps Rebell ist: anders sein und rebellieren! Revanche oder Revolution! Du möchtest das, was für dich oder die Gesellschaft nicht funktioniert, zerstören und neu – das heißt: besser – machen.

Die **größte Angst** des Rebellen liegt darin, von jemandem oder etwas abhängig zu sein, der Konformität mit dem Mainstream anheimzufallen. Es graut ihm davor, machtlos oder inkonsequent zu sein oder als trivial eingestuft zu werden. Der Rebell folgt dem Credo: »Nur tote Fische schwimmen mit dem Strom!« Seine Stärke besteht darin, unbeirrt seinen eigenen Weg zu gehen.

Harley Davidson, MTV und Lady Gaga sind **berühmte Beispiele** für den Archetyp Rebell. Letztgenannte ist in ihrem gesamten Auftreten, sowohl bei ihren Outfits und ihrem Style als auch bei dem, was sie sagt, sehr rebellisch, selbstbestimmt und stark. Sie hinterfragt Konventionen, eckt an, spricht über Tabuthemen und geht ihren eigenen Weg. Um es an einem berühmten Zitat von ihr zu veranschaulichen:

> *»Einige Frauen beschließen, Männern zu folgen; andere beschließen, ihren Träumen zu folgen. Wenn du dich fragst, welche dieser beiden Optionen du für dich wählen sollst, dann denk daran, dass deine Karriere niemals aufwachen und dir sagen wird, dass sie dich nicht mehr liebt!«*

DER MAGIER

Auch bekannt als Transformierer, Visionär, charismatischer Leader, Mediator und Heiler.

Als mystischer Magier könntest du als Visionär oder Heiler, auf jeden Fall sehr spirituell unterwegs sein. Das Ziel aller Magier ist jenes, Leben zu transformieren. Der Magier lässt Träume real werden. Er schenkt den Menschen Hoffnung, unmöglich erscheinende Ziele zu erreichen. Bist du ein Magier, so haben andere durch dich Zugang zu ihrer inneren Stärke (oder einer spirituellen Power). Deine Community ist von deiner Art zu denken und zu handeln fasziniert. Wichtig ist für dich: Kenne die aktuellen Trends und lebe danach. Sei die bestmögliche Version deiner selbst!

Du siehst Dinge, die andere Menschen nicht sehen können, und legst sie offen. Du hilfst Menschen dabei, ihre Träume Wirklichkeit werden zu lassen. Du faszinierst Menschen. Sie fühlen sich durch dich an ihre Träume erinnert und in gewisser Weise erleuchtet. Du begleitest deine Kunden auf einer transformierenden Reise.

Das **Hauptziel** des Archetyps Magier ist: Veränderung!

Die **größte Angst** des Magiers hat mit Ignoranz, Stagnation, Zweifeln und Unsicherheit zu tun.

Berühmte Magier sind Oprah Winfrey, Steven Spielberg und Walt Disney. Die Moderatorin Oprah Winfrey ist eine Visionärin, die es schafft, ihr Millionenpublikum darin zu bestärken, an die eigenen Träume zu glauben, daran, dass Veränderung möglich ist. Für jeden. Ein Zitat von ihr, das komplett dem Archetyp Magier entspricht, lautet:

»Verwandle deine Wunden in Weisheit.«

DER SCHÖPFER

Auch bekannt als Künstler, Innovativer, Musiker, Autor, Träumer und Erschaffer.

Als Schöpfer bist du innovativ, voller Energie und einzigartig – auf deine Art und Weise. Du möchtest dein gesamtes Umfeld und deine Community dazu inspirieren, kreativ zu sein. Du hilfst anderen dabei, sich ihre einzigartige Vision bewusst zu machen und sich selbst bzw. ihrer Individualität Ausdruck zu verleihen.

Der Archetyp Schöpfer drückt sich aus, indem er Dinge erschafft und verbessert. Du ziehst Individualisten an und sorgst dafür, dass individuelle Ideen und kreative Prozesse entfacht und gelebt werden. Dein Motto lautet:

»Wenn du es dir vorstellen kannst, kann es auch erschaffen werden!« Schöpfer haben ausgeprägte künstlerische Fähigkeiten beim Malen, Designen oder Kochen, sie inspirieren, weil sie inspirierend sind.

Der Schöpfer sehnt sich nach Perfektion und Kreativität. Er möchte etwas mit nachhaltigem Wert erschaffen. Sein Ziel ist es, einer Vision Form zu verleihen. Bist du der Archetyp Schöpfer, so kannst du dem beispielsweise dadurch Ausdruck verleihen, dass du anderen deinen kreativen Prozess zeigst, kreative Methoden und Werkzeuge nutzt und neue Ideen entwickelst.

Du zeigst deinen Kunden neue, noch nie dagewesene Ideen und Produkte, du lehrst sie dein Handwerk, sodass sie es schaffen, ihr eigenes kreatives Potenzial zu entfalten. Du inspirierst sie, das Schöne im Leben zu erkennen.

Das **Hauptziel** des Schöpfers ist: Inspiration!

Seine **größte Angst** besteht darin, durchschnittlich zu sein, die eigene Inspiration und Vision zu verlieren oder etwas nachgemacht zu haben. Der Gedanke, etwas Mittelmäßiges erschaffen zu haben, ist ihm zuwider. Deshalb – und das ist die Gefahr – kann der Schöpfer dem eigenen Perfektionismus verfallen und das eigene Schaffen als nicht gut genug bewerten. Sein Talent liegt ganz klar in seiner Kreativität und Vorstellungsgabe.

Berühmte Vertreter des Archetyps Schöpfer sind Frida Kahlo, William Shakespeare, Lego und YouTube. Frida Kahlo malte selbst im Krankenbett, setzte sich mit ihren Bildern gegen den Verfall ihres Körpers zur Wehr. Ihre Selbstportraits – entstanden mithilfe eines Spiegels über ihrem Bett – zeigen den Schmerz im Leben der Künstlerin, die vielen bis heute eine Quelle der Inspiration ist.

DER BESCHÜTZER

Auch bekannt als Caregiver, Mutter, Diener, Unterstützer, Heiliger, Altruist, Helfer und Märtyrer.

Das Motto des Beschützers lautet: »Liebe deinen Nächsten wie dich selbst.« Macht es dich glücklich, anderen zu helfen und sie zu unterstützen? Bist du erfüllt, wenn du den Fokus auf andere Menschen legst? Der Archetyp Beschützer ist empathisch, großzügig und engagiert. Als Beschützer hilfst du deinen Klienten, indem du ihre Bedürfnisse in den Mittelpunkt stellst. Du beschützt andere davor, dass ihnen Schaden zugefügt wird. Deine Community fühlt sich gesehen, sicher und unterstützt dank deiner aufmerksamen, empathischen Art.

Das Ziel des Beschützers ist es, anderen zu helfen. Du bist immer für deine Community da. Du bist großzügig und gibst mehr, als du nimmst. Möchtest du dem Archetyp des Beschützers Ausdruck verleihen, kannst du anderen helfen, ihnen zeigen, wofür du brennst, und sie ermutigen.

Das **Hauptziel** des Beschützers ist: da sein und sich um andere kümmern.

Seine **größte Angst** ist jene vor Egoismus, Hilflosigkeit, Undankbarkeit, Vernachlässigung und Schuld. Die Strategie des Beschützers sieht so aus, dass er Dinge für andere tun möchte. Die Gefahr besteht darin, andere einzuengen oder sich selbst zum Märtyrer zu erheben. Die Stärke des Beschützers liegt in seinem Mitgefühl und seiner Großzügigkeit.

Bekannte Vertreter dieses Archetyps sind Johnson & Johnson, Mutter Teresa, Unicef und WWF. Mutter Teresa ist ein Paradebeispiel für den Archetypen des Beschützers. Sie kümmerte sich aufopfernd um die Ärmsten der Armen, war für sie da und ist bekannt für Zitate wie dieses:

»Das Gute, das du heute tust, werden die Menschen morgen oft schon wieder vergessen haben. Tu weiterhin Gutes.«

DER HERRSCHER

Auch bekannt als Boss, Aristokrat, Politiker, verantwortungsbewusster Bürger, Role Model bzw. Vorbild, Manager, Executive und Vertreter der Upper Class.

Der Herrscher ist kultiviert, ehrgeizig, einflussreich und schätzt Exzellenz. Sein Ziel ist es, eine erfolgreiche und einflussreiche Community zu gründen. Als Herrscher legst du Führungsqualitäten an den Tag und führst durch Vorbild. Und weil deine »Gefolgschaft« fasziniert von dir ist, möchte sie unbedingt zu deinem engsten Kreis gehören.

In deiner Gegenwart fühlen sich die Menschen aufgrund deiner Erfolge inspiriert. Sie hoffen, Ähnliches erreichen zu können. Herrscher wollen uns vor Augen führen, was auf dem Weg zum Erfolg möglich und erreichbar ist. Ein weiteres Merkmal des Herrschers: Er sehnt sich nach Kontrolle. Der Herrscher treibt Dinge voran, er steht an der Spitze. Er erinnert Menschen daran, groß zu denken, und hilft ihnen, limitierende Glaubenssätze aufzulösen und ein positives Mindset aufzubauen. Zeige anderen beispielsweise Fotos von dir im Luxus oder mit Statussymbolen; auf diese Weise erhältst du als Herrscher Anerkennung. Umgib dich mit Branchenvorbildern, Idolen und anderen wichtigen Menschen.

Das **Hauptziel** des Herrschers ist es, besonders zu sein.

Die **größte Angst** des Herrschers ist jene vor der eigenen Schwäche, vor Chaos, Unwichtigkeit, vor dem Scheitern und vor Armut. Er trägt auch die Sorge in sich, vom Thron gestoßen zu werden. Die Gefahr besteht darin, zu herrisch oder autoritär aufzutreten. Sein Talent besteht in seiner Fähigkeit, Verantwortung und die Führungsrolle zu übernehmen.

Berühmte Herrscher sind Beyoncé, Ralph Lauren, Louis Vuitton, Mercedes Benz und Rolex. Ralph Lauren kommuniziert bereits mit dem Logo des Polospielers – Polo ist eine Sportart der Oberschicht – den Edelfaktor der eigenen Marke. Auf Werbeplakaten des Modeunternehmens sind Menschen zu sehen, die optisch eindeutig der Upper Class zuzuordnen sind. Kauft man Mode von Ralph Lauren, ist man Teil dieser Community.

DER UNSCHULDIGE

Auch bekannt als Purist, Idealist, Innocent und Traditionalist.

Der Unschuldige ist optimistisch und echt. Er zeigt den Menschen, dass es sich lohnt, gut und freundlich zu sein. Entsprechend steht die Marke des Unschuldigen für eine gewisse Einfachheit, denn sein Credo ist ganz klar: »Die Welt muss nicht kompliziert sein!«

Du bist als Unschuldiger sehr direkt, vertrauenswürdig und sorgst dafür, dass sich deine Community gut fühlt. Du hilfst anderen dabei, mithilfe essenzieller Werte zu leben und glücklich zu sein. Dein Ziel ist es, glücklich zu sein. Und du möchtest auch anderen zu Glück verhelfen. Du solltest jedoch auf deinen Ruf achten und selbst leben, was du »predigst«.

Teile, was du gerne tust. Sei positiv und optimistisch. Erinnere deine Community daran, wie einfach Dinge funktionieren können. Sorge dafür, dass die Menschen, die sich an dir orientieren, auch in ihrem Leben das Positive erkennen. Sei echt und authentisch – dafür, aber auch für deine Überzeugungen und deine Vision bewundert dich deine Zielgruppe.

Das **Hauptziel** des Unschuldigen ist: vereinfache! Du möchtest das Gute in den Menschen erkennen und das Leben als positiv, unkompliziert und freundlich erleben.

Die **größte Angst** des Unschuldigen ist jene vor Komplexität und Unsicherheit sowie vor Verdorbenheit. Unschuldige wollen nichts Falsches oder Schlechtes machen, was eine Bestrafung nach sich ziehen könnte. Daher verfolgen sie die Strategie, Dinge richtig zu machen. Sie glauben an das Gute und sind Optimisten – das ist ein Geschenk!

Berühmte Unschuldige sind Jamie Oliver, Dove und das Unternehmen Innocent drinks (hier ist der Name quasi Programm). Jamie Oliver zeigt sich beispielsweise immer gut gelaunt, ist über das Kochen hinaus ein Optimist mit der Vision, den Menschen – insbesondere Kindern – gesunde Ernährung näherzubringen. Seine Produkte und Rezepte basieren auf dem Konzept der Einfachheit, er kreiert 15- und 30-Minuten-Gerichte und plädiert für Resteverwertung. Jamie Oliver zeigt auf sympathische Weise, wie einfach es sein kann, lecker und gesund zu kochen.

DER ENTDECKER

Auch bekannt als Abenteurer, Pionier, Suchender, Individualist und Antiheld.

Als Entdecker bist du ein Pionier, ein Abenteurer. Du traust dich, die Welt zu entdecken und zu erforschen. Du hilfst anderen dabei, Freiheit und Erfüllung zu finden und sich auf wichtige Reisen zu begeben – und zwar auf tatsächliche wie auch auf innere Reisen. Du strebst nach einem besseren, authentischeren, erfüllteren Leben. Der Entdecker befreit sich deshalb von Konventionen und Traditionen. Er hat den Mut, Dinge auszuprobieren, die andere nicht wagen, und will herausfinden, wer er wirklich ist, indem er die Welt entdeckt. Daher der Tipp: Reise oft und zeige anderen, was du auf deinen Reisen erlebst. Zeige Wege in ein unkonventionelles Leben. Denn du ermöglichst es anderen, zwischen dem, was erwartet wird, und dem, was sie wirklich wollen, zu unterscheiden. Deine Community erlebt dank dir Abenteuer.

Du förderst als Entdecker die Neugier und Wissbegierde anderer, unterstützt sie dabei, sich lebendig zu fühlen und neue Dinge auszuprobieren. Dank dir können sich andere Menschen sich selbst näher fühlen, einzigartige Erfahrungen sammeln und ein besonderes Leben führen.

Das **Hauptziel** des Entdeckers ist: Entdecke mehr!

Die **größte Angst** des Entdeckers ist jene vor Konformität, Akzeptanz, Abhängigkeit und Unbeweglichkeit. Ein Abenteurer möchte sich auf keinen Fall eingeengt fühlen. Daher macht er sich regelmäßig auf, um neue Dinge zu erleben und vor Langeweile zu fliehen. Er ist autonom und ehrgeizig, aber auch ehrlich zu sich selbst – das ist seine große Stärke.

Bekannte Entdeckermarken sind Starbucks, Jeep und The North Face. Starbucks bedient die Sehnsucht von Entdeckern unter anderem dadurch, indem das Unternehmen Länder- und Stadttassen anbietet. Andererseits lässt sich auch Kaffee neu entdecken: durch verschiedene Sorten, Milcharten und Kaffee-Kreationen, zwischen denen Kunden wählen können.

DER WEISE

Auch bekannt als Lehrer, Experte, Detektiv, Ratgeber, Philosoph, Denker, Planer, Mentor und Profi.

Der Weise ist sehr analytisch und schlau. Du bist ein Denker, ein Experte. Du magst Fakten – und es ist dir ein Anliegen, diese mit der Welt zu teilen.

Der Weise sucht nach Details und Wissensgrundlagen. Er ist fleißig und gründlich, er recherchiert, damit seine Zielgruppe dies nicht tun muss. Er informiert und klärt seine Community auf – und diese bewundert den Intellekt und die Neugier des Weisen. Sie vertraut seinem Wort und seiner Meinung, denn was der Weise sagt, ist evaluiert und geprüft. Bist du solch ein Persönlichkeistyp, dann bekommen Menschen in deiner Umgebung das Gefühl, dass Dinge Sinn ergeben – weil sie sich von dir informiert, bevollmächtigt und selbstsicher in ihrem neuen Verständnis komplexer Dinge fühlen. Das Ziel des Weisen ist es, die Wahrheit zu suchen, zu finden und anderen zugänglich zu machen.

Wenn du ein solcher Persönlichkeitstyp bist: lies, analysiere, teste – und lass andere an deinem Forschungsprozess und deinen Statistiken teilhaben.

Der Weise möchte seine Intelligenz einerseits und seine Analysen andererseits dafür nutzen, um die Regeln der Welt zu verstehen. Er liebt Informationen und Wissen, er ist gern selbstreflektiert und versteht gern Denkprozesse. Die Gefahr besteht teilweise darin, dass der Weise Dinge analysiert und zerdenkt, ohne ins Handeln zu kommen. Seine wahre Stärke liegt in seiner Weisheit und seiner Intelligenz.

Das **Hauptziel** des Weisen ist – wie soll es anders sein – Weisheit.

Seine **größte Angst** ist jene, dass ein anderer klüger ist als er oder dass er sich geirrt hat. Er fürchtet Machtlosigkeit und Ungenauigkeit.

Berühmte Vertreter des Archetyps des Weisen sind Bill Gates, BBC, Google und die Oxford University. Die Suchmaschine Google ist ein Werkzeug, das schnell und verlässlich Antworten liefert – oder Lösungen für bestimmte Probleme. Hinzu kommen Erweiterungen wie Google Trends, Google Quest und Google Maps, die Informationen bieten und das Leben der Nutzer einfacher machen. Google ist, überspitzt formuliert, das ausgelagerte Gehirn einer gesamten Generation.

DER ENTERTAINER

Auch bekannt als Witzbold, Komödiant, Joker, Clown und Performer.

Der Entertainer ist witzig und humorvoll, er ist beschwingt und der Mittelpunkt jeder Party. Du bist als Entertainer verspielt – und das auf eine ansteckende Art und Weise. Darüber hinaus ist es dir ein Anliegen, anderen dabei zu helfen, mehr Freude im Leben zu haben, eine unvergessliche Zeit zu erleben und Stress abzubauen – mit Humor und Spiel.

Du bist leichtfüßig und gut gelaunt, du lebst in der Gegenwart, im Moment. Dein Ziel ist es, die Welt ein wenig heller zu machen und andere dabei zu unterstützen, das Leben und ihr Sein zu genießen. Der Entertainer bringt seine Community zum Lachen, lässt seine Zuhörer oder Zuschauer ihre Alltagssorgen vergessen. Er erinnert sie daran, dass das Leben jetzt stattfindet, und zaubert ihnen ein Lächeln ins Gesicht. Als Entertainer solltest du improvisieren, spontan sein. Lebe mit Leichtigkeit!

Das **Hauptziel** des Entertainers ist: Genieße den Moment in vollen Zügen!

Seine **größte Angst** ist es, langweilig zu sein oder gelangweilt zu werden. Zudem meidet er Traurigkeit und Negativität.

Bekannte Marken des Archetyps Entertainer sind M&M's, Jim Carrey und Stefan Raab. Die Schokolinsen von M&M's werden beispielsweise in Werbespots lebendig, veralbern sich selbst und bringen damit andere zum Lachen.

DER ALLERWELTSMENSCH

Auch bekannt als Boy/Guy/Girl next door, Realist, Freund, solider Bürger und guter Nachbar.

Wie bereits erwähnt, erachte ich die offizielle Übersetzung »Allerweltsmensch« als ungünstig, da sie eher Negatives impliziert. Die englische Bezeichnung »Girl/Boy next door« bringt das, wofür dieser Archetyp steht, weitaus besser auf den Punkt.

Der Allerweltsmensch ist freundlich, geerdet und loyal. Er erinnert andere daran, hart zu arbeiten und dabei bescheiden zu bleiben. Ihm ist es wichtig, eine Community zu bilden, deren Mitglieder ehrlich und verletzlich sind und sich gegenseitig respektieren.

Du vertrittst als Allerweltsmensch solide Werte und du begegnest deinen Mitmenschen auf Augenhöhe. In deiner Umgebung fühlen sich die anderen gesehen und komplett akzeptiert. Dein Ziel ist es, Gemeinschaft zu fördern und dich mit anderen zu verbinden.

Das **Hauptziel** des Allerweltsmenschen ist: Versteh mich! – denn du möchtest dich mit anderen verbinden. Du möchtest dazugehören, hineinpassen. Wichtig für Allerweltsmenschen ist es daher, eine wahre Verbindung zu ihren Kunden oder Fans aufzubauen und auch Alltägliches mit ihnen zu teilen. Dadurch wirkst du nahbar und echt und zeigst deiner Community: »Ich bin eine von euch!«

Die **größte Angst** des Allerweltsmenschen ist die, ausgeschlossen oder abgelehnt zu werden, aus der Masse herauszustechen. Die Gefahr besteht darin, sich selbst aufzugeben, um (möglicherweise sogar zur falschen Gruppe) dazuzugehören. Die Fähigkeit, realistisch, empathisch und ehrlich zu sein, ist eine große Stärke des Allerweltsmenschen.

Berühmte Vertreter dieses Persönlichkeitstyps sind Drew Barrymore, Jennifer Aniston und IKEA. IKEA präsentiert sich als Freund, jedes Möbelstück trägt einen Namen und der Möbelriese selbst tritt als bodenständig auf, etwa wenn das Unternehmen die Werte seines Herkunftslandes Schweden betont.

DER LIEBHABER

Auch bekannt als Verführer, Schönheit, Sinnlicher, Harmonierer und Partner.

Als Liebhaber trittst du gegenüber deiner Zielgruppe voller Leidenschaft und Hingabe auf. Du schätzt Freude und Beziehungen. Du sehnst dich nach einer Welt, in der Menschen das Schöne im Leben wertschätzen – der ästhetische Aspekt ist also entscheidend, wenn es um deine Marken-Message geht. Andere fühlen sich in deiner Gegenwart gesehen. Der Liebhaber hat eine Beziehung zu seiner Community und hilft deren Mitgliedern, ihre Leidenschaft zu entdecken.

Liebe und Leidenschaft bedeuten dem Liebhaber alles. Er motiviert seine Kunden, ihrem Herzen zu folgen – auch wenn das nicht immer einfach ist. Dank des Liebhabers trauen sich andere, sich ihren Gefühlen und Sehnsüchten, aber auch Verführungen hinzugeben. Die Community dieses Persönlichkeitstyps fühlt sich mit ihm emotional verbunden. Der Liebhaber strebt zu Menschen, Dingen, selbst Umgebungen echte Beziehungen an, er möchte Intimität und Freude erleben.

Wenn du ein solcher Persönlichkeitstyp bist: Professionalisiere deine Liebe, zeige anderen deine Leidenschaft. Schätze deine Schönheit, deine Sensualität und deine Empfindsamkeit, denn sie machen dich aus.

Das **Hauptziel** des Liebhabers ist: Empfinde Leidenschaft!

Seine **größte Angst** ist es, abgelehnt zu werden und einsam zu sein. Er möchte keinesfalls als Mauerblümchen wahrgenommen werden und fürchtet sich davor, übersehen zu werden. Daher ist es ihm wichtig, attraktiv zu bleiben und seine Attraktivität noch zu steigern – nicht nur auf der physischen, sondern auch auf der emotionalen Ebene. Die Gefahr besteht darin, dass der Liebhaber alles tut, um die Aufmerksamkeit und das Wohlwollen der anderen zu bekommen – und dabei seine eigene Identität verliert. Sein Geschenk ist, dass er sehr leidenschaftlich sowie dankbar und verbindlich ist.

Berühmte Vertreter dieses Archetyps sind Sophia Loren, Marilyn Monroe, Chanel und Häagen-Dazs. Chanel wurde zum Beispiel deshalb zu einer international erfolgreichen Marke, weil das Mode- und Kosmetikunternehmen mehr bietet als bloß Kleider, Taschen und Düfte. Die Produkte sind ästhetische bzw. olfaktorische Perfektion, und so manche Kundin baut eine Beziehung zu ihrem »kleinen Schwarzen« oder ihrer Chanel-Tasche auf, als wäre diese ihre beste schöne Freundin.

WARUM DU DICH FÜR EINEN ARCHETYPEN ENTSCHEIDEN SOLLTEST

Wir Menschen lieben Geschichten und können uns Zusammenhänge besser merken, wenn es eine Story dazu gibt. Und Archetypen sind Persönlichkeit gewordene Geschichten, die jeder versteht – jeder weiß, was einen Helden von einem Liebhaber oder einem Weisen unterscheidet. Indem du also die Sehnsüchte deiner Wunschkunden ansprichst und deine Markenpersönlichkeit mithilfe deines Archetyps in eine Form bringst, die im Gedächtnis bleibt, faszinierst du genau jene Menschen, von denen du gefunden werden willst.

Im Folgenden möchte ich dir veranschaulichen, wieso du dich für einen Archetyp entscheiden solltest.

WENN DU MEHRERE ODER KEINEN ARCHETYP HAST

Hast du keinen Archetyp, so verzichtest du auf ein unsagbar starkes Tool, das dir dabei hilft, dein Business deiner Persönlichkeit entsprechend zu positionieren und für deine Wunschkunden unübersehbar und faszinierend zu werden.

Zeigst du in deinem Business Eigenschaften mehrerer Archetypen, so schwächst du deine Marke, da du – verbal sowie nonverbal – keine klare Message kommunizierst. Das hat zur Folge, dass dein Angebot unklar und verwirrend wirkt.

Eine gut positionierte *Starke Marke* hat zwei Aufgaben: Sie zieht die richtigen Kunden an und hält die falschen fern. Ist deine Marke jedoch nicht optimal positioniert, so zieht sie die falschen oder gar keine Kunden an. Und das ist, wenn du langfristig erfolgreich sein möchtest, nicht gerade erstrebenswert.

BEISPIEL SARAH – ZWEI ARCHETYPEN IST EINER ZU VIEL

Sarah kontaktierte mich, weil sie sich bereits mit den Archetypen beschäftigt und bei sich zwei von ihnen identifiziert hatte. Und sie wusste nicht, wie sie diese in Einklang bringen konnte. Sie ist eine Mischung aus Entdecker und Weiser – zwei Archetypen aus der Sehnsuchtsgruppe »Freiheit und Unabhängigkeit«, doch wie sollte sie sie miteinander vereinbaren?

Wie bereits ausgeführt, verwirrst du mit zwei Archetypen deine Kunden, und die Marke wird geschwächt. In Sarahs Fall ist der Entdecker von seiner Hauptsehnsucht getrieben, die Welt zu erkunden; seine größte Angst besteht darin, der Konformität zu verfallen. Für den analytischen Weisen ist hingegen sein Wissen das höchste Gut; seine größte Angst ist die, dass ein anderer klüger sein könnte als er. Du ahnst vielleicht bereits, worin das Problem liegt: Wie lassen sich zwei so unterschiedliche Persönlichkeiten vereinen? Das ist schlicht und einfach nicht möglich.

Zwei solch unterschiedliche Archetypen verwässern die eigene Marke und Positionierung. Sarah tat sich also keinen Gefallen und verzichtete auf das Potenzial, das in der Wahl eines Archetyps für ihre Marke und Sichtbarkeit liegt.

Daher sei hier nochmals betont: Jedes Business zeichnet sich durch eine (!) Markenpersönlichkeit aus.

Bei einer Mischung kann es sich maximal um ein Verhältnis von 80 zu 20 handeln. In Sarahs Fall fanden wir gemeinsam heraus, dass ihr Hauptarchetyp ganz klar der Entdecker ist. Der Weise als Schattenarchetyp spielt lediglich eine untergeordnete Rolle. Sarah trägt einen Doktortitel, mag Statistiken und Studien und schätzt wissenschaftliche Analysen. Dies sind Charakteristika des Weisen, die man dezent einfließen lassen kann – ohne diesem Persönlichkeitstypus zu viel Gewicht zu verleihen.

Denn der Entdecker zeigt sich durch eine komplett andere Markensprache: etwa durch Weltkarten, Ankersymbole, den Kompass, durch Farben, die für Freiheit stehen. Indem wir hier eine klare Linie zogen und ein dementsprechendes Rebranding vornahmen – auch bei der Schriftart und der Bildsprache –, konnten wir einen einheitlichen Markenauftritt erarbeiten, der nun wirklich zu 100 Prozent Sarah entspricht und sich für sie rund und passend anfühlt. Und schon bald merkte sie anhand der Anfragen, dass unsere Strategie aufgegangen war.

BEISPIEL TINA – AUTHENTIZITÄT IST ALLES

Tina trat mit ihrer Marke als Beschützerin auf. Ihre Persönlichkeit ist eher introvertiert, der gesamte Auftritt ihrer Marke still und leicht konservativ, mit gedeckten Farben. Sie versteht sich bestens darauf, Tipps zu geben und bei Problemen zu helfen. Und es war ihr gelungen, eine Community aufzubauen, deren Mitglieder zu ihr aufschauten und ihre Ratschläge gern annahmen. Innerhalb dieser Gemeinschaft war sie so etwas wie eine Mutter, sie hatte die Rolle der Mentorin und Helferin inne, und ihr Erfolg sprach für sich.

Doch dann startete sie einen Podcast – und dessen Gestaltung war das Gegenteil zu ihrem bisherigen Markenauftritt. Tina zeigte sich auf dem Coverbild eher sexy, und auch der Titel des Podcasts ging in diese Richtung. Das entsprach augenscheinlich nicht ihrer Marke und Persönlichkeit – und ich konnte mir nicht vorstellen, dass sich Tina als Introvertierte beim Fotoshooting wohlgefühlt hatte. Ich stellte mir die Frage: Wieso so stark abweichen von dem, was die Community bereits als gut befunden hat?

Interessanterweise wurde ich von anderen Personen auf genau den Podcast angesprochen – mit dem Kommentar, dass das so gar nicht zu Tina passe. Der neue Auftritt sei nicht authentisch.

Und das ist der Punkt: Nutzt du einen Archetyp oder entsprechende Fotos oder Worte, weil du denkst, dass sich das gut verkauft oder gut ankommt, und passt das nicht zu dir und deinem Business, dann arbeitest du gegen deine Sichtbarkeit und Markenstärkung. Tina hat ihre Positionierung mit ihrem Podcast leider geschwächt und nicht gestärkt.

KEIN ARCHETYP? SO WIRKT DEIN BUSINESS LANGWEILIG UND WIRD ÜBERSEHEN

Auf die Gefahr hin, dass ich mich wiederhole (denn das ist mir wirklich wichtig): Verzichtest du darauf, deinem Business ein »Gesicht« zu geben, so lässt du eines der machtvollsten Werkzeuge, die es auf dem Weg zu mehr Sichtbarkeit und Vertrauen deiner Wunschkunden gibt, ungenutzt. Damit machst du es dir selbst schwerer, mit deiner Marke mehr Bekanntheit zu erlangen.

Zudem überlässt du es ohne Archetyp dem Zufall, von wem du wie wahrgenommen wirst und ob und wie dein Angebot verstanden wird.

Menschen und Unternehmen ohne Persönlichkeit und Profil wirken meist langweilig und werden übersehen.

Gerade wegen der großen Masse an Angeboten auf dem Markt und der gesellschaftlichen Entwicklungen hin zur Reizüberflutung ist es umso wichtiger, dafür zu sorgen, für die richtigen Menschen in den Fokus zu geraten.

Und um ins Blickfeld deiner Wunschkunden zu kommen, ist dein Zutun gefragt. Es liegt in deiner Verantwortung als Unternehmerin, für deine Wunschkunden sichtbar und mithilfe vertrauensbildender Maßnahmen, einer klaren Message und einer schlüssigen Markenstrategie unwiderstehlich zu werden.

Noch mal: Archetypen sind so unglaublich machtvoll, weil sie dir Klarheit geben. Es gibt so viele leuchtende Angebote und Unternehmen da draußen – daher ist es umso wichtiger, nicht in dieser Masse unterzugehen, sondern daraus herauszustechen. Indem du deinen gesamten Markenauftritt gemäß deinem Archetyp gestaltest, zeigst du glasklar, wofür du stehst, und wirkst authentisch.

Wir Menschen mögen es, Dinge vereinfacht präsentiert zu bekommen. Indem du den Archetyp also bewusst als Filter einsetzt, gibst du den richtigen Kunden genau das, was sie brauchen. Du bietest ihnen die gewünschte Abkürzung, sodass sie verstehen, welche Rolle du und dein Angebot in ihrem Leben spielen können.

Dein Archetyp stärkt deine Marke. Und *Starke Marken* sind Leader. Sie sind Stimmen.

URSACHEN FÜR FALSCH GENUTZTE ARCHETYPEN

Erinnere dich, wer du warst, bevor dir die Welt sagte, wer du sein sollst!

Immer wieder kontaktierten mich im Laufe der vergangenen Jahre selbstständige Frauen, die teilweise sehr erfolgreich waren, jedoch spürten, dass trotzdem irgendetwas nicht passte. Sie waren allesamt selbstreflektiert und an der Weiterentwicklung der eigenen Persönlichkeit sowie ihres Business interessiert – in meinen Augen ein Kennzeichen erfolgreicher Menschen. Ihr Problem lag oft darin, dass sie zwar gut gebucht waren, aber ihre Kunden nicht immer Wunschkunden waren. Mehr noch: Häufig waren ihre Kunden zwar freundlich, aber auch anstrengend.

Immer wieder zeigte sich, dass der Archetyp, den diese Unternehmerinnen nach außen kommunizierten, nicht der passende war. Dass sie also unbewusst Leute anzogen, die in der Betreuung etwas anderes suchten, als die Unternehmerinnen ihnen geben konnten. Und es waren oft eben nicht die Kunden, die sie als Wunschkunden ersehnten.

Doch warum stellt man das eigene Business anders dar, als es einem entspricht? Ich möchte dir nun die häufigsten Ursachen dieses Problems vorstellen, die sich sehr oft hinter falsch genutzten Archetypen verstecken. Das tue ich, weil es mir wichtig ist, dass du verstehst, welch komplexe Zusammenhänge sich hinter dem, was man nach außen kommuniziert, verstecken können. Ich möchte dich außerdem zur Selbstreflexion und zum Nachdenken anregen. Und dir auch auf eine weitere Art aufzeigen, wie die Archetypen mal wieder ihre Finger im Spiel haben.

ERZIEHUNG UND UNBEWUSSTE GLAUBENSSÄTZE

Vor allem Frauen werden oft dazu erzogen, sich um andere zu kümmern und ihnen zu helfen. Aufgrund ihrer Erziehung und gesellschaftlicher Erwartungen entwickeln sie ein Helfersyndrom, das ihnen vielleicht gar nicht entspricht. Und wenn eine solche Frau ein Business startet, kommuniziert sie nach außen automatisch, was sie über die Jahre verinnerlicht hat. Formulierungen wie »helfen«, »unterstützen« und »unter die Arme greifen« ziehen Menschen an, die genau das suchen. Sie wollen bemuttert, beschützt, gehalten und umsorgt werden.

Erinnerst du dich an Katja, die beschützerisch auftrat, obwohl sie eigentlich Heldin durch und durch ist? Sie zeigte sich als Beschützerin, weil sie genau so über sich dachte. Sie hatte den Glaubenssatz verinnerlicht: »Kümmere dich gut um andere.« Damit stand sie sich selbst auf unbewusster Ebene im Weg, und erst nachdem wir das aufgedeckt hatten, konnte sie ihre unglaubliche Power mit Stolz und gutem Gewissen auch nach außen tragen. Das hatte sie sich jahrelang selbst nicht erlaubt.

Zu erkennen, dass ein Glaubenssatz sie daran gehindert hatte, als Vorbild und Grenzensprengerin aufzutreten, weil »Frau sich doch um andere kümmern soll«, wie man es ihr eingeimpft hatte, war für Katja sehr wertvoll. Denn so gelang es ihr, ihrem Business jenen individuellen Anstrich zu verpassen, der ihr wirklich entspricht.

GESELLSCHAFTLICHE ERWARTUNGEN, WAS ALS PROFESSIONELL GILT

Dieses Beispiel handelt von einem Konflikt, den vor allem Unternehmerinnen der Generation 50 plus kennen dürften. Es gehört für sie zur Professionalität, ihr Gegenüber zu siezen, sich auf Fotos in adrettem Kostüm zu zeigen und insgesamt sehr förmlich aufzutreten. Dies zeigt die Markenpersönlichkeit des Herrschers oder Managers, der den Ton angibt. Und dann ziehen diese Frauen entsprechende Kunden an.

Wenn ich mit den Damen, die sich professionell geben wollen, spreche, zeigt sich oft ein ganz anderes Bild: Sie sprühen vor Energie, sind äußerst kreativ und getrieben von inspirierender Schöpferkraft. Ich bemerke nichts von der Steifheit, nichts Lehrerhaftes. Nur ziehen die unpassenden Bilder und Worte eben Menschen an, die ein Idol suchen, jemanden, der ihnen Schritt für Schritt sagt, was zu tun ist. Und das frustriert die Unternehmerinnen, die beispielsweise kreative Prozesse in ihren Kunden aktivieren und mit ihnen gemeinsam und auf Augenhöhe Neues erschaffen möchten.

Dieser Teufelskreis lässt sich durchbrechen, wenn man sich bewusst von gesellschaftlich angelegten Handschellen befreit und markenstrategisch entsprechend der eigenen Bedürfnisse und Präferenzen auftritt.

Erinnerst du dich an Hilde? Ihr war genau das passiert. Hilde ist mittleren Alters, »da muss man entsprechend auftreten, um professionell zu wirken«, hatte sie verinnerlicht. Siezen, ordentliche Fotos in Bluse, gut aufbereitete Schritt-für-Schritt-Erklärungen und im besten Fall seriöse Referenzen von offiziellen Institutionen und Verbänden … Wen erreichte sie damit? Genau! Die falschen Kunden.

Erfreulicherweise befreite sie sich im Zuge des Rebrandings von den gesellschaftlichen Fesseln, die sie lange gehindert hatten, ohne dass es ihr bewusst gewesen war, und lebt nun sehr erfolgreich ihre schöpferische Marke mit absoluten Wunschkunden.

UNGLAUBWÜRDIGE MISCHUNGEN

Und was ist mit Tina, der Beschützerin, die eigentlich introvertiert und ruhig ist, ja teilweise eher bieder wirkt, sich aber in bestimmten Bereichen des eigenen Business plötzlich als Liebhaber präsentiert? Die Wahl des falschen Archetyps kann einen schnell unglaubwürdig machen – und das schwächt die Marke. Und wenn man verschiedene Persönlichkeiten offenbart, gibt es keine klare Linie, wen man ansprechen möchte. Man steht dann nicht mehr für eine Hauptsehnsucht und eine Hauptangst.

WIE DU DEINEN ARCHETYP STRATEGISCH EINSETZT

Archetypen verstehen sich sehr gut darauf, eine gewisse Sehnsucht zu wecken, ein Bedürfnis sichtbar zu machen. Sie helfen dir dabei, die Sehnsucht deiner Kunden mithilfe der entsprechenden Markenpersönlichkeit zu stillen.

Warum du deine Community unter Zuhilfenahme deines Archetyps fesseln solltest? Hier sind die zwei wichtigsten Gründe:

VERBINDUNG UND DIFFERENZIERUNG SCHAFFEN

1. **Verbindung schaffen:** Die meisten Unternehmer versuchen, mit Preisen, Argumenten, Vorteilen und Features zu überzeugen. Wenn du nicht möchtest, dass deine Marke nur als Artikel oder Ware wahrgenommen wird, sondern als etwas Größeres – eine Veränderung, eine Transformation, ein Gefühl –, dann kommst du nicht daran vorbei, eine tiefere Verbindung zu deiner Community aufzubauen.

2. **Differenzierung schaffen:** Aus der Masse herauszustechen, ist alles andere als einfach. Vor allem in Anbetracht dessen, dass der Markt immer voller und voller wird. Markenpersönlichkeiten bieten dabei unendliche Möglichkeiten; sie sind nicht nur einzigartig, sondern bleiben auch im Bewusstsein (und Unterbewusstsein). Sie inspirieren und fesseln.

Die wertvollste Währung erfolgreicher Marken ist Vertrauen. Dieses kannst du erst dann aufbauen, wenn du die Aufmerksamkeit des Gegenübers geweckt hast. Deine Message und deine Kommunikation – die Vibes – müssen dein Gegenüber fesseln. Nutzt du deinen Archetyp richtig, so ist jede E-Mail, jeder Blogartikel und jeder Social-Media-Post derart formuliert und gestaltet, dass deine Wunschkunden total darauf abfahren. Und so baust du kontinuierlich Vertrauen und eine Beziehung zu deiner Community auf. Denn es braucht rund 7 bis 14 Kontaktmomente, bis Vertrauen entsteht.

VORTEILE DEINES ARCHETYPS, INNEN WIE AUSSEN

Ich möchte hier auch noch mal einige ganz praxisbezogene Vorteile der Archetypen nennen, wobei ich zwischen Außenwirkung und inneren Effekten unterscheide:

Wenn du deinen – und zwar den zu dir passenden – Archetyp nutzt, hast du nach außen mehr Profil.

- Du wirkst vertrauenswürdig.
- Du erhöhst die Kundenbindung.
- Du verkaufst leichter.
- Du wirst sichtbarer.
- Du wirst erfolgreicher.

Auch innere Veränderung ist möglich: Für deine tägliche Arbeit gibt dir dein Archetyp eine Richtung und Klarheit.

- Du hast immer wieder innovative Ideen.
- Deine tägliche Arbeit macht dir Spaß und du hast einen richtig guten Draht zu deinen Kunden.
- Die eingesetzten Worte sind dir glasklar, du kannst sicher sein, dass sie richtig ankommen.
- Das genutzte Design und Branding passen und fühlen sich stimmig an.
- Dein Business fühlt sich nach dir und richtig an.

KOMMUNIKATIVE UMSETZUNG AM BEISPIEL DES HELDEN

Es ist wichtig, die Hauptangst und die Hauptsehnsucht des jeweiligen Archetyps strategisch in die Kommunikation einzuarbeiten. Beim Helden funktionieren folgende Sätze gut: »Alles, was du brauchst, steckt in dir!«, »Du brauchst keine extra Ausbildung, um durchzustarten – in meinem Coaching bist du bestens aufgehoben«, »Mit meinem Support schaffst du das!«, »Du hast alles in dir, was du brauchst!«, »Du wirst das meistern, du wirst über dich hinauswachsen und dich weiterentwickeln – mehr, als du es für möglich gehalten hast!«

Appelliere an die Power, die jeder Held bereits in sich trägt – so motivierst du deine Zielgruppe. Sei selbst die Inspiration, die Helden suchen. Zeige, was du schon geschafft hast. Helden mögen auch inspirierende Zitate und Gedankenanstöße. So kommunizierst du aktiv mit der Hauptsehnsucht des Helden: Erreiche deine Ziele!

Gleichzeitig solltest du die Hauptangst bekämpfen. Im Fall des Helden ist es jene vor Inkompetenz. Vermittle deinen Kunden: »Wenn du willst, schaffst du alles!«, »Wo ein Wille ist, da ist ein Weg!«, »Wer, wenn nicht du!« oder »Leistung zahlt sich aus.«

Sprichst du die falsche Hauptangst an, so sprichst du an den Helden vorbei. Denn die Angst vor dem Verlust von Sicherheit, die Hauptangst des Unschuldigen, triggert den Helden nicht. Warum? Ganz einfach: weil er keine Angst vor Risiko hat.

FOKUS AUF DAS POSITIVE, NICHT AUF DAS NEGATIVE

Ein weiterer Punkt, der mir sehr am Herzen liegt, ist mein Appell, das Positive deines Archetyps zu kommunizieren und in den Fokus zu stellen. Denn wenn du die Hauptangst deines Archetyps kennst, kannst du theoretisch auch in diese Richtung arbeiten. Und es gibt leider nicht wenige Marken, die ihren jeweiligen Archetyp strategisch smart einsetzen, dabei aber in ihrer Message und in ihrer Kommunikation in erster Linie auf seine negativen Eigenschaften setzen.

Das wird unter anderem am Beispiel des Archetyps Herrscher deutlich: Viele betonen dessen Streben nach Macht und Status. Sie stellen das Herrische, die Dominanz dieses Persönlichkeitstyps heraus und reiten auf seiner Hauptangst herum: jener, Schwäche zu zeigen oder an Wichtigkeit einzubüßen.

Doch der Archetyp Herrscher ist gleichzeitig bereit, sehr viel Verantwortung zu übernehmen, und zwar nicht nur, wenn Geld und Macht im Spiel sind, sondern auch, wenn es darum geht, die Welt zu einem besseren Ort zu machen.

Menschen mit einer Herrscherpersönlichkeit haben auch die Gabe, Prozesse, Regeln und Gesetze zu entwickeln, die dazu beitragen, dass die Welt funktioniert. Du kannst diesen Archetyp als großartige Persönlichkeit wahrnehmen, die dabei hilft, dass Dinge funktionieren.

Du kannst beide Ansätze nutzen, wenn du dein Produkt oder deine Dienstleistung verkaufst. Den positiven wie auch den negativen. Nutzt du den negativen, so appellierst du an die niederen Instinkte in den Menschen. Nutzt du den positiven, so stärkst du das Gute, das Größere in ihnen. Letzteres ist für mich die bessere Wahl.

ÜBERBLICK

In der folgenden Tabelle siehst du auf einen Blick nochmals die wichtigsten Aspekte, die ich in diesem Buch bereits ausgeführt habe:

- Ein Überblick der 12 Archetypen
- Welcher Sehnsuchtsgruppe die jeweiligen Archetypen zugeordnet sind
- Welches Hauptziel jeder der 12 Archetypen verfolgt
- Von welcher Hauptangst er getrieben ist
- Und ein bekanntes Markenbeispiel pro Archetyp

Gesamtüberblick über die 12 Archetypen

Archetyp	Sehnsuchtsgruppe	Hauptziel	Hauptangst	Beispiel
Held	Veränderung und Wandel	*Erreiche dein Ziel!*	Inkompetenz, Scheitern	Nike
Rebell	Veränderung und Wandel	*Sei anders und rebelliere!*	Konformität mit dem Mainstream	MTV
Magier	Veränderung und Wandel	*Verändere!*	Stagnation	Walt Disney
Schöpfer	Stabilität und Orientierung	*Inspiriere mich!*	Durchschnitt sein	Lego
Beschützer	Stabilität und Orientierung	*Kümmere dich um mich!*	Hilfslosigkeit, Undankbarkeit	Unicef
Herrscher	Stabilität und Orientierung	*Sei besonders!*	Schwäche, Wertlosigkeit	Mercedes
Unschuldiger	Freiheit und Unabhängigkeit	*Vereinfache!*	Komplexität, Unsicherheit	Dove
Entdecker	Freiheit und Unabhängigkeit	*Entdecke mehr!*	Abhängigkeit, Starrheit	Starbucks
Weiser	Freiheit und Unabhängigkeit	*Denk mit!*	Machtlosigkeit, Fehler	BBC
Witzbold	Gemeinschaft und Verbundenheit	*Genieße in vollen Zügen!*	Langeweile, Traurigkeit	M&M
Allerweltsmensch	Gemeinschaft und Verbundenheit	*Verstehe mich!*	Außenseitertum	IKEA
Liebhaber	Gemeinschaft und Verbundenheit	*Empfinde Leidenschaft!*	Ablehnung, Einsamkeit	Häagen Dasz

WIE FINDEST DU DEINEN ARCHETYPEN HERAUS

Vermutlich hast du schon beim Lesen dieses Buches festgestellt, dass dir mancher Archetyp sympathischer ist als ein anderer. Um in Erfahrung zu bringen, welcher Persönlichkeitstyp dir und deinem Business am ehesten entspricht, hast du meiner Auffassung nach drei Möglichkeiten:

1. Du kannst selbst recherchieren, herumprobieren oder raten.
2. Du kannst online einen kostenlosen Selbsttest machen.
3. Du kannst Schritt für Schritt den richtigen Archetyp finden.

Im Folgenden möchte ich dir diese Optionen genauer vorstellen, um dir eine Entscheidung zu erleichtern.

EIGENSTÄNDIGE RECHERCHE, HERUMPROBIEREN UND RATEN

Ohne profundes Fachwissen und systematische Herangehensweise den eigenen Archetyp zu bestimmen, ist genauso verlässlich wie ein Ratespiel – und im Businesskontext daher nicht zielführend. Herauszufinden, wer der eigene Archetyp ist, und dann im Folgeschritt das gesamte Business darauf auszurichten, ist mit viel Arbeit verbunden. Das für mehrere Archetypen durchzuspielen, kostet unglaublich viel Zeit und verwirrt dich möglicherweise mehr, als es dir Klarheit verschafft. Hinzu kommt, dass es für jeden Archetyp bestimmte Farben, Schriftarten, Worte usw. gibt. Informationen, die sich die meisten erst mühselig zusammensuchen müssen.

DEN ARCHETYP MITHILFE EINES ONLINE-TESTS BESTIMMEN

Es gibt im Internet eine Vielzahl an Selbsttests, die einem durch die Beantwortung einiger weniger Fragen einen Archetyp als Ergebnis ausspucken. Normalerweise dienen solche Tests als Köder, um auf ein kostenpflichtiges Angebot aufmerksam zu machen, das einem dann wirklich weiterhilft.

Ich meine, diese Tests sind mit Vorsicht zu genießen. Denn es handelt sich um keine wissenschaftlich validierten Tests, sondern um solche, die bloß einige Standardfragen beinhalten und dir vor Augen führen, was du gut findest. Oft liefert das wiederholte Absolvieren des Tests unterschiedliche Ergebnisse.

Und dann verstehst du dabei nicht wirklich, wieso am Ende Archetyp X der deine ist bzw. worauf das Ergebnis basiert. Die Klarheit darüber ist jedoch essenziell, um im nächsten Schritt die eigene Marke auf den Archetyp auszurichten.

Ich sehe die gesamte Thematik zudem als zu komplex, um sie in Form von Selbsttests abbilden zu können. Solltest du dennoch einen solchen Test machen wollen, bedenke bitte Folgendes: Nimm das Ergebnis nicht zu ernst, betrachte es als Spaß, bevor du tiefer in das Thema einsteigst.

PROFESSIONELL DEN RICHTIGEN ARCHETYP FINDEN

Du kannst es nicht erwarten, den richtigen Archetyp für dein Business herauszuarbeiten? Du möchtest wissen, welche der vier Sehnsüchte deine Kunden zu dir lenkt? Du möchtest in Erfahrung bringen, wie sich dein Archetyp konkret ausdrückt – durch welche Worte, Bilder, Fotos und Texte?

Dann könnte »BOOST YOUR BRAND – Finde deinen Archetyp« genau das Richtige für dich sein!

Denn da ich sehr viele Anfragen zu diesem Thema erhalte, habe ich meine Methode in einen Kurs gepackt. Darin nehme ich dich an die Hand und begleite dich Schritt für Schritt dabei, deinen Archetyp zu bestimmen. Dabei stelle ich dir die richtigen Fragen und wir tasten uns eins nach dem anderen heran.

Am Ende des Kurses verstehst du wirklich, wieso für dich ein bestimmter Archetyp infrage kommt, weil du das Ergebnis von der Basis heraus erarbeitest. Dabei bauen wir auf dem Grundlagenwissen auf, das du dir in diesem Buch bereits angeeignet hast. Auf dem Weg zu deinem Archetyp helfe ich dir nicht nur durch die richtigen Impulsfragen, ich stelle dir auch viele weitere Fallbeispiele vor, die dazu dienen, das Erarbeitete noch besser zu verstehen und zu verarbeiten.

On top erhältst du in »BOOST YOUR BRAND – Finde deinen Archetyp« für jeden Archetyp folgende Unterlagen, die dir bei der Umsetzung für dein Business helfen:

- Farbvorschläge für jeden Archetyp inklusive Farbcodes, die von einer professionellen Grafikdesignerin erstellt wurden
- Schriftartenvorschläge für jeden Archetyp inklusive Links zu Seiten, auf denen du die passende Schriftart kostenlos herunterladen kannst
- Eine Wortliste mit typischen Begriffen und Ausdrücken für jeden Archetyp
- Den Zugang zu einem geheimen Pinterest-Board pro Archetyp (die Archetypen-Boards erweitere ich ständig und sammle darin praktische Ideen und Inspirationen)

Hier gelangst du zum Kurs: www.theresaehsani.com/Archetyp

ZUM SCHLUSS

Ich hoffe sehr, dass ich dich für die Potenziale der Archetypen begeistern konnte und dir die Magie dahinter genauso wie die Risikofaktoren gut und verständlich rüberbringen konnte.

Zusammengefasst solltest du jetzt Folgendes gut nachvollziehen können:

- Was dir der bewusste Einsatz deines Archetyps für dein Business, für deine tägliche Arbeit und vor allem für deine Sichtbarkeit und deinen Erfolg bringt.
- Wieso das Risiko, mit deinem Business in der Masse unterzugehen oder keine bzw. falsche Kunden anzuziehen, automatisch gegeben ist, wenn du auf den Archetyp verzichtest.
- Welche fatalen Folgen es hinsichtlich deiner Positionierung und deiner gesamten Markenstrategie hat, den falschen oder mehrere Archetypen zu nutzen: Du verwirrst und verunsicherst genau jene, die du eigentlich begeistern möchtest.

Wenn du noch mehr über die Archetypen oder meine Arbeit erfahren möchtest, schau doch auf meiner Website www.theresaehsani.com vorbei oder schreib mir eine E-Mail an info@theresaehsani.com. Ich würde mich freuen, dich auf deinem Weg zu einer *Starken Marke* zu begleiten.

DANKSAGUNG

Ich danke meiner Familie dafür, dass sie immer für mich da ist. Ihr unterstützt mich, egal, wann und wo auch immer ich euch brauche.

Ich danke auch Sunray, Anna, Katharina und Fitore, die jede für sich eine unverzichtbare Rolle im Entstehungsprozess dieses Buches eingenommen hat.

Besonderer Dank gilt auch Jostein Gaarder, der 1994 – damals war ich gerade 11 Jahre alt – mein Interesse für Psychologie und deren Einfluss auf das Verhalten von Menschen weckte. Er entfachte ein Feuer in mir, das bis heute brennt.

Weiterhin möchte ich meinen wunderbaren Blogleserinnen, Kundinnen und meiner Brandista-Community danken, die letztlich aufgrund ihres unbändigen Interesses an dem Thema den Impuls zur Entstehung dieses Buches gegeben haben und mich mit ihrem Zuspruch anspornen.

Und natürlich danke ich dir, liebe Leserin, für dein Interesse und Vertrauen, dich ein Stück auf deinem Weg begleiten zu dürfen.

DIE AUTORIN

Theresa Ehsani, 1983 in Wien geboren, ist Wirtschaftspsychologin, Markenstrategin und Systemischer Coach. Nach 7 Jahren als Angestellte in internationalen Branding- und Onlineagenturen begleitet sie seit 2016 als Unternehmerin voller Begeisterung weibliche Selbstständige dabei, sich selbst und ihr Business in *Starke Marken* zu verwandeln.

Willst du aus der Masse herausstechen und nachhaltigen Erfolg aufbauen, der wirklich dir entspricht und auch Spaß macht, dann führt kein Weg an deiner *Starken Marke* vorbei. Die Archetypen als strategisches Werkzeug hin zur unverwechselbaren Marke sind hierbei ein entscheidender Erfolgsfaktor und unsagbar wirkungsvoll. Daher arbeitet Theresa seit vielen Jahren intensiv mit dem Konzept der Archetypen und konnte damit bereits Tausende Selbstständige erfolgreich unterstützen.

Mit diesem Buch hat sie sich den Traum vom ersten umfangreichen, informativen und zugleich inspirierenden Ratgeber zum Thema »Archetypen in der Markenbildung« erfüllt. Sie betreibt die Website www.theresaehsani.com samt Blog und bietet zudem Online-Kurse zur Markenbildung an. Theresa glaubt an das Gute im Menschen und liebt Internationalität, das Meer, Tapas, Reisen und gute Bücher.

IMPRESSUM

Copyright © 2020 Theresa Ehsani, Innsbruck

Alle Rechte vorbehalten

1. Auflage 2020

Text & Layout, Coverbild & -gestaltung sowie E-Book-Erstellung: Theresa Ehsani (Konzept, Strategie und Inhalt), Anna Parisa Ehsani (Layout und Cover) sowie Katharina Pavlustyk (Lektorat)

Kontakt:

Theresa Ehsani

Anna-Stainer-Knittel-Weg 3

6020 Innsbruck

Für mehr Informationen besuche meine Website www.theresaehsani.com oder schreib mir eine E-Mail an info@theresaehsani.com.

HAFTUNGSAUSSCHUSS

Die in diesem Buch vorgestellten Methoden, Informationen und Ratschläge stellen die Meinung bzw. Erfahrung der Autorin dar und wurden von dieser mit größter Sorgfalt und nach bestem Wissen und Gewissen geprüft. Alle zur Verfügung gestellten Informationen dienen alleine der Bildung und Veranschaulichung. Eine Haftung für die Richtigkeit kann nicht übernommen werden. Sollten sich Leser die angebotenen Inhalte zu eigen machen, so handeln sie eigenverantwortlich. Die Autorin übernimmt jedoch keine Gewähr für die Funktion oder Qualität der Informationen.

Des Weiteren bietet der Inhalt dieses Buches keinen Ersatz für eine professionelle Archetypenberatung. Die dargebotenen Inhalte stellen eine Basis für die Arbeit mit den Archetypen dar. Bevor mit Archetypen strategisch gearbeitet wird, wird empfohlen, eine fundierte, individuelle Strategie zu erarbeiten.

Dieses Werk ist wie die darin vorgestellten Methoden, Informationen und Ratschläge urheberrechtlich geschützt. Jede Verwertung ist ohne Zustimmung der Autorin unzulässig. Dies gilt insbesondere für die elektronische oder sonstige Vervielfältigung, Übersetzung, Verbreitung und öffentliche Zugänglichmachung. Alle Angaben in diesem Werk wurden von der Autorin sorgfältig recherchiert. Für die Richtigkeit der dargestellten Informationen kann jedoch keinerlei Haftung übernommen werden.

Printed in Poland
by Amazon Fulfillment
Poland Sp. z o.o., Wrocław

65211605R00054